PAOLO BECCHI

O Princípio da Dignidade Humana

DIREÇÃO EDITORIAL:
Pe. Marcelo C. Araújo

EDITOR:
Márcio Fabri dos Anjos

COORDENAÇÃO EDITORIAL:
Ana Lúcia de Castro Leite

TRADUÇÃO
Ubenai Lacerda

COPIDESQUE:
Benedita Cristina G. N. da Silva

REVISÃO:
Leila Cristina Dinis Fernandes

DIAGRAMAÇÃO:
Simone Godoy

CAPA:
Erasmo Ballot

Título original: P. Bechhi. Il Principio Dignità Umana
© Morcelliana, Brescia, 2009
ISBN 978-88-372-2297-0

**Dados Internacionais de Catalogação na Publicação (CIP)
(Câmara Brasileira do Livro, SP, Brasil)**

Becchi, Paolo
O princípio da dignidade humana / Paolo Becchi; [tradução Ubenai Lacerda]. - Aparecida, SP: Editora Santuário, 2013.

Título original: Il principio dignità umana
Bibliografia.
ISBN 978-85-369-0293-7

1. Dignidade humana 2. Direito – Filosofia 3. Direito civil I. Título.

13-02804   CDD-340.12

Índices para catálogo sistemático:
1. Princípio da dignidade humana: Filosofia do direito 340.12

Todos os direitos em língua portuguesa reservados
à **EDITORA SANTUÁRIO** – 2013

Composição, impressão e acabamento:
EDITORA SANTUÁRIO - Rua Padre Claro Monteiro, 342
Fone: (0xx12) 3104-2000 — 12570-000 — Aparecida-SP.

Sumário

Prólogo 5

Introdução 7

1. Uma reconstrução histórico-filosófica 9

2. O longo debate do pós-guerra 21

3. Novas tendências 29

4. Da pessoa abstrata ao indivíduo concreto 37

5. A vida humana em tempos de sua reprodução técnica 45

6. A encruzilhada da dignidade humana 55

Bibliografia 63

Índice das fontes 77

Prólogo

Depois do *Princípio esperança*, de Ernst Bloch, e do *Princípio responsabilidade*, de Hans Jonas, um terceiro princípio surgiu nos últimos anos, colocando-se como centro do debate filosófico: *Princípio da dignidade humana*. E logo esse princípio tornou-se uma verdadeira moda cultural na Alemanha: não há um autor importante – filósofo, jurista e até teólogo – que não tenha dado alguma contribuição sobre a dignidade humana. Mas o debate se mostra bastante vivo também em outros países de língua alemã, como a Áustria, uma parte da Suíça que fala o alemão e em outras partes, como a França, a Espanha, alguns países latino-americanos, e igualmente no mundo anglo-americano. Em todos eles não são poucas as publicações sobre o argumento. Entre nós, na Itália, surpreendentemente e pelo contrário, o debate ainda está em seus albores. Atualmente, quem fala sobre dignidade humana está correndo o risco de ser etiquetado entre os assim chamados bioeticistas católicos, que pretendem levar vantagem sobre os leigos. Para além da estéril contraposição, esse estudo pretende demonstrar quão importante seja, hoje, a discussão sobre o tema sob o ponto de vista da moral e também sob o ponto de vista jurídico.

– 5 –

Sou agradecido a Roberto Adorno pela leitura atenta e por algumas sugestões preciosas, e, mais uma vez, fico devedor para com a doutora Rosangela Barcaro, pelo cuidado que teve com a redação do texto.[1]

---

[1] Uma primeira e parcial versão deste texto apareceu em U. Pomarici (ed.). *Filosofia Del Diritto. Concetti fondamentali*, Torino, 2007, p. 153-181, que ulteriormente foi reelaborada em E. Furlan, (Ed.) *Bioetica e dignità umana. Interpretazioni a confronto a partire dalla Convenzione di Oviedo*, Milano, 2009.

Introdução

Nos momentos mais dramáticos do século passado, o homem voltou a refletir sobre o sentido de sua dignidade, e talvez não seja por acaso que no início do novo século, embora de modo diferente, esteja fazendo a mesma coisa. O tema da dignidade humana, de fato, novamente se impôs à atenção, assumindo uma posição central no debate público, seja no espaço cultural da Europa, sobretudo, se bem que não exclusivamente, no espaço ocupado pelos que falam o alemão,[1] mas também em regiões anglo-americanas,[2]

---

[1] Onde hoje a dignidade humana se tornou um novo "conceito-chave", a ponto de constituir um capítulo da nova edição de importante manual de filosofia do direito. Cf. K. Seelmann, *Rechts philosophie*, München 2004³, p. 212-228. O capítulo oferece uma boa sínese de todos os problemas que hoje estão sendo discutidos quando se fala de dignidade humana. O manual foi recentemente publicado também em tradução italiana de G. Stella, com o título *Filosofia Del Diritto*, pela editora Guida, de Nápoles. No capítulo citado confira as p. 251-267. Seelmann ultimamente tem dedicado diversos artigos ao tema da dignidade humana. Limitar-me-ei a assinalar aqui aquilo que me parece focalizar melhor o ponto central do atual debate: *Menschenwürde zwischen Person und Individuum. Von der Repräsentation zur Selbst-Darstellung?* Em D. Dölling (Ed.), *Jus humanum. Grundlagen des Rechts und Strafrecht* (Festschrift für Ernst–Joachim Lampe), p. 301-316, Berlin, 2003. Testemunhando a importância que o conceito tem assumido na Alemanha, na área filosófico-jurídica, veja-se a ampla coletânea de A. Kapust, *Menschenwürde auf dem Prüfstand*, in "Philosophische Rundshau", p. 279-307, 54 (2007).

[2] Cf. R. Dillon (Ed.), *Dignity, Character and Self-Respect*, New York, 1995; D. Beyleveld-R. Bronsword, *Human Dignity in Bioethics and Biolaw*, Oxford, 2001; E.

enquanto entre nós o interesse por essas discussões mal está começando.[3] Nesse estudo, depois de traçado rapidamente o caminho filosófico, ao longo do qual se desdobra a ideia de dignidade humana, procurar-se-á esclarecer suas mais importantes acepções na área jurídica, entrelaçando à análise, embora seja esta limitada aos aspectos essenciais, alguns documentos jurídicos, o debate jurídico-filosófico, da segunda metade do século passado e as recentes discussões levantadas pelas aplicações das ciências médicas e biológicas.

Eberle, *Dignity and Liberty. Constitutional Vision in Germany and the United States*, Westport, 2002. Quanto ao debate internacional deve-se conferir, pelo menos, a coletânea dos escritos de K. Bayertz (Ed.), *Sanctity of Life and Human Dignity*, Dordrecht, 1996; M. L. Pavia e T. Revet (Eds.) *La dignité de la personne humaine*, Paris, 1999, e J. Ballesteros-A. Aparisi (eds.) *Biotecnología, dignidad y derecho: bases para un dialogo*, Pamplona, 2004. Veja-se também o livro de R. Adorno, *La bioétique et la dignité de la personne*, Paris, 1997 (traduzido para o castelhano). Materiais de notável interesse podem ser encontrados, testemunhando a penetração do tema também na cultura americana, no documento do President's Council on Bioethics, Human Dignity and Bioethics, que podem ser descarregados no endereço: <http://www.bioethics.gov/reports/human_dignity_and_bioethics.pdf>.

[3] Contudo, algo está se movimentando também em nosso país. Cf. M. A. Cattaneo, *Giusnaturalismo e dignità umana*, Napoli, 2006; E. Ceccherini (ed.) *La tutela della dignità dell'uomo*, Napoli, 2008; A. Argiroff-P. Becchi-D. Anselmo (eds.) *Colloqui sulla dignità umana*, Roma, 2008; U, Vicentini, *Diritti e dignità umana*, Roma-Bari, 2009; E. Furlan (ed.) *Bioetica e dignità umana. Interpretazione a confronto a partire dalla Convenzione di Oviedo*, op. cit.

I

Uma Reconstrução Histórico-Filosófica

Assim que no antigo mundo romano a expressão "dignidade humana" adquiriu certa relevância filosófica,[1] ela passou a ser usada sob duas acepções que, mesmo diferenciando-se no correr dos tempos, fazem-se presentes até em nossos dias. Por um lado, dignidade indica a posição especial do homem no cosmo, de outro, a posição por ele ocupada na vida pública. Dignidade está ligada tanto ao fato de o homem se diferenciar do restante da natureza, pelo motivo de ser o único *animal rationale*, como pela maneira ativa com que ele se movimenta na vida pública, o que lhe confere um valor inteiramente particular.

No primeiro sentido é o homem enquanto tal, pelo simples fato de ser homem, que possui a dignidade que lhe advém do fato de ocupar o ápice da escala hierárquica da natureza, no

---

[1] Cf. a respeito, V. Pöschel, *Der begriff der Würde im Antikem Rom und später*, Heildelberg, 1989; M. Forschne, *Marktpreis und Würde oder vom Adel der menschlichen Natur*, em *Die Würde des Menschen*, por H, Kössler, Erlangen, 1998, p. 33-59, e, para uma visão de conjunto, a primeira parte do verbete de V. Pöschl, no dicionário *Geschitliche Grundlbegriffe. Historisches Lexikon zur politischsozialen Sprache in Destschland*, de O. Brunner, W. Konze, R. Koselleck, Stutgart, 1992, volume 7, p. 637-645.

segundo sentido depende da posição que ele ocupa na escala hierárquica social. Para Cícero, que foi o primeiro a fazer semelhante distinção, isso significa que o homem que se entrega prioritariamente aos prazeres dos sentidos está violando a dignidade de sua natureza racional, uma vez que sua dignidade pessoal brota das ações que ele realiza em prol do bem comum.[2]

O primeiro significado de dignidade tem um cunho universal, no sentido de que, quando considerado como princípio, é o gênero humano que a possui como um dom natural; o segundo, porém, encara o particular, no sentido de que deriva dos serviços que alguns indivíduos prestam, e outros não.[3] Tanto a dignidade é absoluta no primeiro significado, no sentido de que não pode ser aumentada nem diminuída, como é relativa no segundo significado, no sentido de que pode ser adquirida ou perdida. Posteriormente, essa segunda acepção passará a indicar o alto cargo público, enquanto tal, e não mais a pessoa que o ocupa; depois o título que se possuir pela pertença a um determinado grupo e não mais por causa dos merecimentos adquiridos; e, finalmente, qualquer atividade ou função com

---

[2] Cf. Marco Túlio Cícero, *De Officiis*, (a tradução portuguesa tem o título *Dos Deveres*). Veja-se particularmente o Livro I, capítulo XXX): "[...] é que queremos refletir sobre a excelência e a dignidade da natureza humana, para compreender quanto seja torpe uma vida que nada no luxo e mergulha nos prazeres, e, pelo contrário, o quanto é bela uma vida modesta e frugal, austera e sóbria. Além disso é preciso pensar que a natureza como que nos dotou de dois caracteres: um é comum a todos, para que todos nós sejamos participantes da razão, isto é, daquela excelência pela qual superamos os animais: Excelência de que deriva toda espécie de honestidade e decoro; o outro, então, é o que a natureza estabeleceu como próprio de cada pessoa".

[3] Hasso Hoffmann, no atual debate, soube muito bem destacar esse duplo significado, por meio de uma contribuição interessante: *Die versprochene Menschenwürde* (1993) (tradução italiana: *La promessa della dignità umana. La dignità dell'uomo nella cultura giuridica tedesca*, em Rivista internazionle di filosofia Del diritto", IV série, LVVVI (1999), p. 620-650.

que o homem contribui para o progresso material ou espiritual da sociedade. Mas é principalmente sobre a primeira acepção que devemos debruçar-nos um pouco mais detalhadamente. De fato, ela logo vai encontrar um terreno fértil na mensagem cristã.

O cristianismo oferecerá um poderoso incentivo à afirmação do valor universal da dignidade humana.[4] Mesmo que não possa ser esquecido que o instituto jurídico da escravidão persista ainda por muito tempo no mundo cristão, é, de fato, com os ensinamentos dos Padres da Igreja que a ideia veterotestamentária do homem como "imagem de Deus"[5] será estendida do povo eleito para todos os homens. E é a semelhança do homem com Deus que explica sua posição especialíssima no mundo da natureza: Deus nos criou a todos como sua imagem, honrando-nos assim com uma dignidade transcendente. Essa visão foi reforçada quando Jesus Cristo se fez homem de Deus

---

[4] Consulte-se, a respeito, uma página significativa de Karl Löwith, *Von Hegel zu Nietzsche*, 1941 (tradução italiana: G. Colli, *Da Hegel a Nietzsche. La frattura rivoluzionaria nel pensiero del secolo XIX*, [1949], Torino, 1974): "O mundo histórico em que se formou a 'ideia preconcebida' de que qualquer que tenha uma face humana possui, como tal, a 'dignidade' e o 'destino' de ser homem, não é originariamente o mundo, hoje em refluxo, da simples humanidade, que tem suas origens no 'homem universal' e também 'terrível' do Renascimento, mas o mundo do *cristianismo*, onde o homem reencontrou, no Homem-Deus, Cristo, seu lugar perante si mesmo e perante o próximo. A única imagem que faz do homem do mundo europeu um homem é substancialmente determinada pela ideia que o cristão tem de si, como imagem de Deus" (p. 482).

[5] "Deus disse: 'Façamos o homem a nossa imagem, como nossa semelhança, e que eles dominem sobre os peixes do mar, as aves do céu, os animais domésticos, todas as feras e todos os répteis que rastejam sobre a terra' [...]" (Gn 1,26-27). É a partir de Santo Ambrósio (ou melhor, do pseudo Ambrósio do *De dignitate conditionis humanae*) que a semelhança com Deus identifica a dignidade humana. Para uma visão complexa sobre a teologia medieval, cf. a parte II do verbete *Würde* de P. Kondylis no dicionário já citado *Geschitchliche Grundbegriffe*, op. cit., p. 645-651.

e vai perdurar bem além da idade média,[6] se bem que para a idade moderna, embebida de secularização, o ponto de partida não é mais o dado da revelação.

Embora a ideia da dignidade humana adquira particular relevância no Humanismo italiano,[7] que pode ser considerado como a primeira tentativa de fundamentar, em bases seculoristas, a dignidade humana, será com um dos mais importantes escritores do jusnaturalismo moderno, Samuel Pufendorf,[8] que se terá a retomada dessa linha de raciocínio.

Ainda em Hugo Grócio (1583-1645) a dignidade humana aparece somente quando se trata do direito à sepultura – é o respeito diante do cadáver que confere ao ser humano sua

---

[6] A ideia do homem como "imagem de Deus" continua a manifestar sua força diante do problema da manipulação genética e reaparece, de algum modo, em autores, também muito diversos, como Jürgen Habermas e Hans Jonas. Cf. J. Habermas, *Die Zukunft der menschenlischen Natur. Auf dem Weg zu einer liberalen Eugenik?* (2001), tradução italiana de L. Ceppa, *Il futuro della natura umana. I rischi di una genetica liberale,* Torino, 2002, e H. Jonas, *Technik, Medizin und Ethik. Praxis des Prinzips Verantwortung* (1985) (tradução italiana de P. Becchi, *Tecnica, medicina ed etica. Prassi del principio responsabilità,* Torino, 1997).

[7] Cf. Giannozzo Manetti, *De dignitate et excellentia hominis* (1451-1452), Basilea, 1532 (uma reedição acessível é a de E. R. Leonard, Padova, 1975) e, sobretudo, Giovanni Pico della Mirandola, *Oratio de Hominis dignitate* (1486), Bologna, 1496 (existe uma edição italiana, contendo também o texto latino, é a de G. Tognon, pela editora La Scuola, Bréscia, 1987). Sobre o tema, continua fundamental o amplo estudo de Ch. Trinkaus, *In Our Image and Likeness. Humanity and Divinity in Italian Humanist Thought,* Chicago, 1970. Sobre Pico, cf. P. C. Bori, *Pluralità delle vie. Alle origini del Discorso sulla dignità umana di Pico della Mirandola,* Milano, 2000 (o livro contém igualmente o texto do tratado).

[8] A esse respeito continuam fundamentais as análises de Hans Welzer. Particularmente: H. Welzer, *Die Naturrechtslehre Samuel Pufendorfs* (1958) (traduzido para o italiano por V. Fiorillo, *La dottrina giusnaturalistica di Samuel Pufendorf,* Torino, 1993. Além disso, devem ser consultadas também algumas páginas brilhantes de K-H. Iting, *Naturrecht und Sittlichkeit* p. 83-89, Stutgart, 1983. Seja-me permitido citar meu livro *Da Pufendorf a Hegel. Introduzione alla storia moderna della filosofia del diritto,* p.15-28, Roma, 2007.

dignidade,[9] e em Hobbes a dignidade humana é reduzida a seu sentido particular, ao valor que cada homem adquire por aquilo que faz e que a comunidade política reconhece:

> a estima pública de um homem, que é o valor que lhe é conferido pelo Estado, é o que denominamos ordinariamente dignidade. Essa sua valorização pelo Estado é expressa pelo cargo público para o qual é designado, tanto na magistratura como em funções públicas e, às vezes, esse valor é expresso por títulos e honrarias que lhe são concedidos.[10]

Para Hobbes o valor de um homem é estabelecido por seu preço e, como em todas as outras coisas, este é estabelecido não pelo vendedor, mas pelo comprador. O verdadeiro valor de um homem, aquilo que constitui sua dignidade, é, enfim, aquilo que os outros socialmente nele reconhecem.[11]

Uma concepção bem diferente se faz presente em Pufendorf. Ele não assume como ponto de partida qualquer das qualidades naturais do homem (a razão) e/ou inerente a seu status social, como também não se prende diretamente à tradição cristã, mas parte da ideia de liberdade que é marcante no ser humano. Tal liberdade é o pressuposto para a existência de uma ordem moral que Pufendorf, baseando-se

---

[9] H. Grócio, *De Jure belli ac pacis* (1625), livro segundo, capítulo 19,2 (5 e 6).

[10] T. Hobbes, *Leviatã* (1651). Traduzido por Rosina D'Angina, Editora Filiada, São Paulo, 2009. Capítulo X do livro primeiro: "Do poder, do valor, da dignidade, da honra e da excelência", p. 71.

[11] Cf. T. Hobbes, *Leviatã*: "o valor ou conceito de um homem é, como para todas as outras coisas, seu preço; isto é, depende de quanto seria dado pelo uso de seu poder; assim, não é absoluto, mas apenas uma consequência da necessidade e do julgamento alheio". *Op. cit.*, p. 71.

na distinção entre *entia physica* e *entia moralia*, separa nitidamente da ordem natural. É a ideia de liberdade moral do homem, não sua natureza enquanto tal, que lhe confere dignidade.[12] O homem, de fato, é o único ser capaz de impor, de modo autônomo, limites ao próprio agir, de submeter-se a leis que ele mesmo se dá. A dignidade do homem não tem um caráter ontológico, que lhe cabe por causa da posição especial que ocupa na natureza, mas antes deontológico, no sentido de que é um título ético-jurídico que todo ser humano pode reivindicar enquanto destinatário de normas universalmente vinculantes.

Para sublinhar toda a importância e originalidade desse raciocínio, é suficiente colocá-lo em confronto com outro, o de um pensador de seu tempo, mas do qual se diferencia, e também com um pensador posterior, mas do qual muito se aproxima antecipadamente. Para Pascal a plena dignidade do homem reside no pensamento.[13] Pufendorf, certamente, não contesta que o homem, no mundo natural, caracterize-se pela capacidade de pensar, mas sua dignidade não consiste nisso, mas na faculdade moral, a qual somente revela sua verdadeira essência. Não há dúvida de que essa ideia de Pufendorf antecipa aquela

---

[12] S. Pufendorf, *De jure naturae et gentium*, libri octo (1672), I, 1,5: "A dignidade da natureza humana, seu primado sobre os outros seres vivos, exigia que as ações humanas fossem empreendidas de acordo com uma norma certa, sem a qual não poderia haver ordem, civilidade e beleza". Isto é, in Pufendorf a dignidade, de conceito ontológico, tende a se transformar em valor axiológico, com todos os riscos que isso comporta para a própria lógica dessa valorização (*Verwertung*): aquilo que tem valor tende a aniquilar um não valor e vice-versa. Cf. C. Schmitt, *Der Tyrennei der Werte* (1960), *La tirannia dei valori*, supervisão de P. Becchi, Morceliana, Brescia, 2008.

[13] B. Pascal, *Pensées* (1969) (tradução italiana de P. Serini, *Pensieri*, Torino, 1974: "O homem é manifestamente nascido para pensar; nisto reside toda a sua dignidade e todo o seu valor" (p.177).

outra mais conhecida e afortunada que encontramos no auge do iluminismo europeu, na obra de Immanuel Kant.

A distinção pufendorfiana entre *entia moralia* e *entia physica* corresponde à distinção kantiana entre reino da natureza e reino dos fins: a dignidade humana não pertence ao homem por causa da posição que ele ocupa no vértice de reino da natureza, mas porque ele pertence ao reino dos fins. Para Kant, como também para Pufendorf, dignidade significa que o homem é um ser capaz de agir no respeito das leis morais. É o homem, enquanto capaz de uma conduta moral, que tem dignidade. Ele possui um valor intrínseco absoluto, não porque seja uma *animal rationale*, mas porque é portador de um imperativo moral incondicionado.[14]

Não é o simples fato biológico que constitui o fundamento de sua dignidade, mas o fato da razão da lei moral, uma razão que, portanto, é moralmente prática, que nos impõe (na segunda formulação do imperativo categórico) que tratemos a humanidade, tanto na própria pessoa como na pessoa de um outro, "sempre e igualmente como um fim, e jamais simplesmente como um meio".[15] O que, obviamente, não impede que

---

[14] Essa é também a opinião de J. Hruschka, *Die Würde des Menschen bei Kant*, em *Archiv für Rechts – und Sozialphilosophie*, 88, p. 463-480, 4 (2002). Para uma discussão sobre o pensamento kantiano em relação ao atual debate bioético, seja-me consentido recomendar P. Becchi, *L'idea kantiana di dignità umana e le sue attuali implicazioni in ambito bioetico*, em P. Becchi – G. Cunico – O. Meo (eds.), *Kant e l'idea di Europa*, p. 15-37, Genova, 2005 (com grande referência literária) e também P. Becchi, *Tre studi su Kant filosofo del diritto*, Genova p. 95-126, 2007.

[15] Cf. E. K, *Grundlagen zur Metaphysik der Sitten* (1785), tradução italiana: *Fondazione della metafisica dei costumi*, em *Scritti morali*, de P. Chiodi, p. 88, Torino, 1970: "teu dever é agir de modo a tratar a humanidade, tanto na própria pessoa, como na pessoa de outro, sempre como um fim, e jamais simplesmente como um meio". E chamo também a atenção para o apelo à dignidade na sucessiva *Metaphysik der Sitten* (1797) (tradução italiana de N. Merker, *La metafisica dei costumi*, p. 333-334, Roma-Bari, 1973: "A humanidade, em si mesma, é uma dignidade; de

o homem não possa também se fazer meio para a realização de escopos que lhe sejam extrínsecos (o que acontece continuamente na vida social, contanto que jamais seja reduzido a meio somente). É seu uso meramente instrumental, sua redução de pessoa a coisa, ferindo-o em sua dignidade como já, embora apenas incidentalmente, havia observado Beccaria,[16] antecipando-se por uns vinte anos com respeito a Kant.

Ao contrário do que pensava Hobbes, para Kant todas as coisas têm um preço, mas o homem tem um valor inestimável.[17] E mesmo que em Hume e no iluminismo escocês (estou pensando em Adam Smith) surja uma visão da natureza hu-

---

fato, o homem não pode ser tratado por ninguém (isto é, nem por um outro e nem mesmo por si mesmo) meramente como um meio, mas deve sempre ser tratado com um fim, e é justamente nisso que reside sua dignidade [...]". Não se pode esquecer, também, que na obra *Grundlagen* a ideia da dignidade humana se mostra mais diretamente conexa com a terceira formulação do imperativo categórico (ou seja, com a ideia da vontade de todo ser racional, considerada como universalmente legisladora), do que com a segunda. Ligar a dignidade à segunda ou à terceira formulação tem evidentes consequências para o debate atual, o que talvez explique porque o raciocínio de Kant venha sendo utilizado tanto por aqueles que julgam ser a dignidade algo do homem como tal, como por aqueles que julgam ser ela uma propriedade das pessoas racionais e conscientes. Cf. K. Seelmann: *Menschenwürde und die zweite und dritte Formel des kategorischen Imperativis. Kantische Befund und aktuelle Funktion*, em G. Brudermüller – K. Seelmann (eds.) *Menschenwürde, Begründung, Konturen, Geschichte*, Würzburg, 2008, p. 66-77.

[16] Cf. C. Beccaria, *Dei delitti e delle pene* (1764), publicado por F. Venturi, p. 50, Torino 1965: "Não existe liberdade quando as leis permitem que em alguns eventos o homem deixe de ser *pessoa* e se torna *coisa* [...]".

[17] Cf. E. Kant *Grandlegung zur Metaphysik der Sitten*: "O valor daquilo que tem um preço pode ser estabelecido por qualquer outra coisa equivalente, ao contrário aquilo que está acima de qualquer preço, e não tem nada equivalente, tem uma dignidade. O que concerne às inclinações e às necessidades gerais dos homens tem um preço de mercado; [...] mas aquilo que constitui a condição necessária para que alguma coisa possa ser um fim em si, não somente tem um valor relativo, o preço, mas um valor intrínseco, isto é, a dignidade" (tradução da citação da edição italiana, op. cit., p. 94).

mana diversa da de Hobbes, no centro das atenções de todos eles está a noção de simpatia como faculdade, que pertence a cada homem em particular, de participar dos sentimentos alheios, enquanto o reconhecimento da dignidade humana, que acontece apenas nos processos concretos de interação, não é pressuposto por eles.[18] É apenas com Kant que o reconhecimento do outro se funda no valor moral da pessoa vista como fim em si mesma.

Na época em que foi formulada, essa ideia ofereceu um válido contributo para a abolição da tortura e a superação de penas humilhantes e cruéis, embora o excessivo rigor penal de Kant algumas vezes o tenha levado a contradizer claramente seu próprio pensamento.[19]

Essa instância humanitária está seguramente em sintonia com as célebres declarações do século XVIII sobre os direitos do homem e do cidadão, embora o conceito de dignidade humana não compareça nem na "Déclaration des droits de l'homme et du citoyen", de 26 de agosto de 1789, nem na "Declaration of Independence", elaborada nos Estados Unidos uma dezena de anos antes (14 de julho de 1776), nem nas Declarações de di-

---

[18] Cf. D. Hume, *Essays, Moral and Political*, 1741, traduzido para o italiano, *Saggi e tratatti*, por M. Dal Pra-E. Ronchetti, Torino 1974, capítulo XI, p. 265-271. Cf. também D. Hume, *Enquires Concerning Human Understanding and Concerning the Principles of Morals*, 1751 (tradução italiana de R. Gilardi, *Ricerche sull'intelleto umano e sui principi della morale*, Milano, 1980). Neste caso uma grave falta de dignidade privaria o homem, mesmo bom e justo, do apelativo de virtuoso (p. 523). De A. Smith cf. *The Theory of Moral Sentiments*, 1759 (tradução italiana de C.Cozzo, *Teoria dei sentimenti morali*, por A. Zanini, Roma, 1991).

[19] São aspectos bastante evidenciados em diversos trabalhos, por M. A. Cattaneo. Limitar-me-ei aqui a recordar seu volume *Dignità umana e pena nella filosofia di Kant*, Milano, 1981, e, em meio a outros escritos mais recentes, M. A. Cattaneo, *Dignità humana, pace perpetua, critica della politica nel pensiero di Kant*, em M. A. Cattaneo (Ed.), *Kant e la filosofia Del Diritto*, p. 7-22, Napoli, 2005.

reitos que, a começar pela Virgínia, foram proclamadas naquele período na América do Norte.[20]

Historicamente o primeiro documento, de fato, é a "Declaration of Rights" da Virgínia (12 de junho de 1776), que começa pela enunciação dos "direitos inerentes" (*inherent rights*) dos quais os homens, "entrando no estado de sociedade, não podem, mediante convenção, privar ou espoliar sua posteridade; isto é, o gozo da vida, da liberdade, mediante a aquisição e a posse da propriedade, e procurar e obter felicidade e segurança". Mesmo que a ideia já esteja presente, como se verá, não aparece ainda o adjetivo "inalienáveis", que, contudo, encontra-se no início da "Declaration of Independence":

> Nós afirmamos essas verdades autoevidentes: que todos os homens são criados iguais; que eles são dotados por seu Criador de certos direitos inalienáveis (inalienable rights); que entre esses direitos estão a vida, a liberdade e a busca da felicidade.

Pouco depois (em 28 de setembro de 1776), na Constituição da Pensilvânia foi acrescentado também o adjetivo "natural". Na "Déclaration des droits de l'homme et du citoyen" firma-se a expressão "direitos naturais e imprescritíveis do homem" (*droits naturels et imprescriptibles de l'homme*). Esses direitos agora são identificados com a "liberdade", "proprieda-

---

[20] Para uma análise complexa dos documentos que serão citados resumidamente em seguida, guardam ainda sua utilidade os escritos que nos foram deixados por Giovanni Tarello como encerramento do primeiro volume de sua obra (incompleta) sobre a *Storia della cultura giuridica moderna*, volume primeiro: *Assolutismo e codificazione del diritto*, p. 559-620, Bologna, 1976.

de", "segurança" e "resistência à opressão", ao passo que a "busca da felicidade" não é mais mencionada.

E disso terá seu ponto de partida o "jacobino alemão" Georg Forster para indicar, seguindo as pegadas de Kant, a necessidade de derrubar de seu pedestal a "felicidade" para colocar em seu lugar a dignidade humana, "verdadeiro sinalizador da vida" (*echte Wegweiser des Lebens*).[21] Este sinalizador permanecerá por muito tempo ainda escondido, ao menos no ambiente jurídico. Embora Hegel, de fato, concebendo o dever de respeitar os homens como um imperativo jurídico,[22] já tenha colocado as premissas para seu esclarecimento, é preciso esperar o fim da Segunda Guerra Mundial para se encontrar uma plena legitimação jurídica da dignidade humana.

---

[21] Cf. G. Forster *(Über die Beziehung der Staatskunst auf das Glück der Menscheit* (1794) em G. Forster, *Philosophische Schriften*, publicado por G. Steiner. (Berlin), 1958, p. 223. É já no final do século XVIII que o vocábulo *Menschenwürde"*, por influência de Kant, penetra também na cultura jurídica.

[22] Cf. G. W. F. Hegel, *Grandlinien der Philosophie des Rechts*, traduzido para o italiano por G. Marini, *Lineamenti di filosofia del diritto*, p. 48, Roma-Bari, 1999: "O imperativo jurídico é este: seja uma pessoa e respeite os outros como pessoas". Sobre a concepção hegeliana da dignidade humana, cf. K. Seelmann, *Person und Menschenwürde in der Philosophie Hegels*, em *Philosophie des echts und Verfassungstheorie*, Geburtstagssymposium für H. Hoffmann, p. 123-145, Berlin, 2000.

2

O Longo Debate no Pós-Guerra

Foi preciso esperar o fim da Segunda Guerra Mundial – embora algumas referências básicas possam ser encontradas em documentos normativos – para poder se chegar a uma plena legitimação jurídica – uma jurisdificação – da dignidade humana. A partir do Estatuto ou Declaração da Organização das Nações Unidas (1945), da Declaração Universal dos Direitos do Homem (1948) e da Lei fundamental da República Federal Alemã (1949), multiplicam-se os documentos jurídicos em que se encontra o apelo à dignidade humana.[1] Fazendo frente ao flagelo das duas guerras mundiais, a Carta reafirmava a "fé nos direitos fundamentais do homem, na dignidade e no valor da pessoa humana". E o início da Declaração é o "reconhecimento da dignidade inerente a todos os membros da família humana e de seus direitos, iguais e inalienáveis". E não é, certamente por acaso, que precisamente a Lei fundamental alemã – isto é, a constituição de um país em que a sistemática perseguição aos homens por causa de sua fé religiosa, suas opiniões políticas e talvez até por incuráveis

---

[1] Uma seleção dos documentos jurídicos em que vem explicitamente mencionada a dignidade humana pode ser vista no volume J. Knox-M. Broberg (eds.), *Dignity, Ethics and Law*, Copenhagen, 1999.

doenças mentais, havia se tornado lei de Estado – seja um dos primeiros documentos em que a referência à dignidade humana, como reação aos horrores perpetrados pelo regime nacional--socialista, adquire foro de absoluta preeminência. O reconhecimento da dignidade humana torna-se uma espécie de Grundnorm de influência kelseniana, colocada no cimo do corpo do ordenamento jurídico; uma norma jurídica objetiva, não sendo ela mesma um direito subjetivo fundamental, e justamente por isso incondicionada, não sujeita – diferentemente dos direitos fundamentais – a ponderações e limitações.[2] O artigo 1, parágrafo 1, prescreve:

A dignidade do homem é intocável. Respeitá-la e protegê-la é a obrigação do aparelho estatal.

E o parágrafo segundo acrescenta:

Por isso o povo alemão declara-se partidário de direitos humanos invulneráveis e inalienáveis enquanto base de qualquer comunidade humana, pacífica e de justiça no mundo.

---

[2] Pelo menos esta é a interpretação que tradicionalmente foi dada do artigo 1, parágrafo 1, a partir de Günter Dürig em um dos mais populares manuais de direito constitucional (Cf. T. Maunz-G. Dürig, *Grundgesetz*, München-Berlin, 1958). Uma ótima reconstituição do processo de (formação de tal disposição, como também do debate a respeito da dignidade humana na Constituição alemã tanto na doutrina quanto na jurisprudência) encontra-se num raro volume de C. Amirante, *La dignità dell'uomo nella Legge fondamentale de Bonn e nella Costituzione italiana*, Milano, 1971 (ao contrário do que diz o título, não se encontra referência alguma à Constituição italiana). Assinale-se também que a interpretação, de evidente inspiração jusnaturalista, de Günter Dürig foi, recentemente, na nova edição do manual supracitado, substituída por outra, escrita por Mathias Herdegen, que dificilmente o autor precedente teria podido assinar. Cf. a respeito E. W. Böckenförde, *Die Würde des menschen war unantastbar. Abschied von den Verfassungsvärten. Die Neukommentierung von Artikel 1 des Grundgesetzes markiert eine Epochenbruch*, in "FAZ", 3.9.2003, n. 204, p. 33-35 (agora em E. W. Böckenförde, *Recht, Staat, Freiheit* [erweiterte Ausgabe], Frankfurt a. M., 2006, p. 379-388).

Observe-se: um novo adjetivo é agora introduzido para qualificar a dignidade humana. Com respeito aos direitos humanos que são "invioláveis e inalienáveis", a dignidade é "intocável" (*unantasbar*). Dos dois parágrafos resulta evidente, além disso, a relação de derivação que subsiste para a Constituição alemã entre a dignidade humana e os direitos fundamentais. A partir do momento em que o homem possui uma dignidade, que o distingue de qualquer outro ser vivente, ele é titular de direitos fundamentais. Procurando fixar no tempo as referências à dignidade humana, a Lei fundamental prevê também, no artigo 79, parágrafo 3, sua imodificabilidade, confirmando de tal modo o caráter absoluto daquele princípio, sua imutabilidade e indisponibilidade.

Reaparecem na Constituição alemã, como também nos outros atos internacionais já citados, todos aqueles elementos que vimos surgir na doutrina jusnaturalista moderna e que agora adquirem positividade normativa. Não é de surpreender, portanto, que o tema do respeito da dignidade humana esteja ligado ao do renascimento do direito natural e que sobre ambos, justamente na Alemanha daqueles anos, o debate se tenha tornado de modo especial muito fecundo.[3] Que todo ser humano tenha, antes de tudo, seu valor como pessoa igual a qualquer outra pessoa foi o motivo dominante desse período pós-bélico. Serem tratados como pessoas e reconhecer a cada um dos seres humanos – independentemente do sexo, da raça, da língua, da religião ou das opiniões políticas, das condições de nascimento,

---

[3] As afirmações mais significativas encontram-se no volume, publicado por W. Maihofer, *Naturrecht oder Rechts positivismus?* Darmstadt, 1962. Para uma reconstrução jurídico-filosófica do debate, cf. A. Kaufmann, *Naturrechstlehre nach 1945. Die Naturrechsrenaissance der ersten Nachkriegsjahredeutung der Wörter. Studien zur eropaischen Rechtsgeschichte,* München, 1991, p. 105-132.

econômicas e sociais – o direito a igual tratamento significava recuperar aquele conceito de *humanitas* explicitamente combatido pela ideologia nazista, com a introdução da categoria de Untermensch (subumano) e com a mitologia da raça ariana. A nova ordem internacional surgida das ruínas do totalitarismo encontra, assim, no reconhecimento da dignidade humana como valor absoluto e incondicionado, seu ponto de partida.[4]

Pensando bem, contudo, não é esse o único significado de dignidade que se afirma, já naquele período. Junto dessa noção surge outra que se faz presente com evidência menor e que foi objeto de atenção também menor, mas que ficou bastante clara, principalmente na Constituição italiana.

Na Constituição italiana de 1948 também podemos encontrar referências à dignidade, mas elas não somente não assumem o valor primordial que distingue a Constituição alemã, como acentuam um conceito diferente de dignidade humana.[5]

---

[4] A expressão filosófico-jurídica paradigmática dessa orientação é dada pela pessoa e pela obra de Gustav Radbruch. Célebre é a respeito seu estudo *Gesetzliches Unrecht und übergesetzliches Recht*, 1946, em G. Radbruch, *Rechstphilosophie*, publicado por E. Wolf e H. P. Schneider, p. 339-350, Stutgart, 1973, 8 ed., que também pode ser encontrado em edição italiana no livro de P. Di Lucia (ed.) *Filosofia del diritto*, p. 149-163, Milano, 2002. Para realçar a importância desse estudo tenha-se presente que ele é o fundamento da "Verbindungsthese", isto é, a tese da conexão entre direito positivo e justiça, sustentada por Robert Alexy em *Begriff und Geltung des Rechts* (1992) (*Concetto e validità del diritto*, introdução de G. Zagrebelsky, Torino, 1997). Sobre Radbruch, cf. G. Vassalli, *Formula di Radbruch e diritto penale: note sulla punizione dei "delitti di Stato" nella Germania post-nazista e nella Germania post-comunista*, Milano, 2001.

[5] Para um aprofundamento desse assunto não posso deixar de recomendar o meu livro: P. Becchi, *Menschenwürde: Die italienische Verfassungsrechtliche. Variante im Verglich zur deutschen*, em G. Brudermülller-K. Seelmann (eds.) *Menschenwürde, Begründung, Konturen, Geschichte*, já citado, p. 107-117. Ainda sobre o tema, cf. A. Pirozzoli, *Il valore costituzionale della dignità*, Roma, 2007, e E. Ceccherini (ed.), *La tutela della dignità dell'uomo*, Napoli, 2008 (em particular as contribuições de G. Rolla, p. 57-78, e P. Grossi, p. 79-111).

Nossa república "funda-se sobre o trabalho" (Artigo 1) e não sobre a "intangibilidade" da dignidade humana. E o artigo 3, parágrafo 1, conecta a dignidade não ao homem abstratamente tomado, mas ao homem em seus relacionamentos socioeconômicos. A "igual dignidade social" mencionada no artigo deve ser entendida no sentido de que todos os cidadãos são iguais perante a lei, sem mais distinção baseada em título (as disposições transitórias afirmam explicitamente que os títulos nobiliárquicos não são reconhecidos) ou por pertencer alguém a uma determinada classe social. E dignidade – conforme o artigo 4, parágrafo 2 – consiste em desenvolver, "de acordo com as próprias possibilidades e mediante escolha própria, uma atividade ou uma função que concorra para o progresso material e espiritual da sociedade".

Esse é o único título de dignidade em uma República fundada no trabalho: o trabalho que consente aos cidadãos o pleno desenvolvimento de sua personalidade e, com isso, de sua dignidade. A ênfase recai sobre a dimensão social da dignidade também nos outros dois pontos nos quais ela vem explicitamente mencionada em nossa Constituição. O artigo 36, no qual se afirma que o trabalhador tem o direito a uma retribuição que seja suficiente "para assegurar a si e a sua família uma existência livre e digna", e o artigo 41, parágrafo 2, em que o não trazer dano à dignidade humana aparece como um limite ao exercício das atividades econômicas. O conceito de dignidade é, portanto, bastante ligado ao papel que cada cidadão é chamado a desenvolver dentro da sociedade, e o Estado deve assegurar a cada um a possibilidade de se desenvolver com dignidade. A dignidade não apenas é alguma coisa a ser defendida contra comportamentos que poderiam lesá-la, mas algo que deve ser promovido e sobre a qual se expande o crescimento social.

Sintetizando, enquanto na Constituição alemã "dignidade" é um valor absoluto que se refere diretamente à pessoa em si e por si, na nossa Constituição é um valor relativo que se refere a sua posição concreta no tecido social. (Mesmo se considerando que a sociedade teria o dever de garantir a cada indivíduo condições mínimas de subsistência, abaixo das quais nunca poderia chegar). Tanto o primeiro significado de dignidade é culturalmente devedor ao jusnaturalismo moderno, quanto o segundo nos reconduz à antiga noção de dignidade que emerge do mundo romano. Embora hoje a dignidade não mais diga respeito, como na antiga Roma, apenas àqueles homens que se distinguem pelos cargos públicos que exercem, sendo que todos os cidadãos possuem aquela "igual dignidade social" que possuem devido a (ao dever de) contribuir por seu trabalho com o progresso da sociedade, está-se tratando, no fundo, daquela mesma ideia de dignidade humana ligada ao papel social que reaparece com força na Constituição italiana, agora com a intenção de abolir qualquer privilégio e oferecer uma vida mais digna à classe operária.

Explicando: a Constituição italiana aceita o significado absoluto da dignidade, quando o artigo 2, reconhecendo e garantindo os "direitos invioláveis" do homem – não apenas ele faz parte de um grupo social "no qual se desenvolve sua personalidade", mas também como um "particular" – envia explicitamente ao artigo 32, parágrafo 2, em que se afirma que:

> A República tutela a saúde como direito fundamental do indivíduo e interesse da coletividade e garante tratamentos gratuitos aos indigentes. Ninguém pode ser obrigado a um determinado tratamento sanitário, salvo disposição de lei. A lei não pode, em hipótese alguma, violar os limites impostos pelo respeito à pessoa humana.

Mesmo que no texto não apareça a palavra "dignidade", podemos afirmar que na Constituição italiana pode-se encontrar referência ao valor absoluto da dignidade humana. Mas sem dúvida é sobre o valor relativo que ela explicitamente insiste, como já foi mostrado.

É interessante observar como esses dois usos conceituais diversos podem ser encontrados também na jurisprudência dos dois países. Limito-me aqui somente a alguma indicação. Logo após a Segunda Guerra a jurisprudência constitucional alemã, em uma série de pronunciamentos, valoriza a tutela da dignidade humana como proteção contra "humilhações, perseguições, proscrições e assim por diante", e a jurisprudência ordinária manifesta-se, fundamentalmente, pela defesa do homem contra comportamentos discriminatórios.[6]

Na Itália, nos anos subsequentes à introdução da Carta constitucional, a dignidade não se tornou um tema relevante e, mesmo depois, a jurisprudência da Corte constitucional foi mais parca em utilizar autonomamente o conceito de dignidade humana, ao passo que na jurisprudência ordinária, múltiplas são as sentenças em que existem referências à dignidade, e a maioria delas significativamente se preocupa em salvaguardar a dignidade do trabalhador no ambiente de trabalho. Mas com o

---

[6] Na vasta literatura que trata da Constituição enfocando o tema, cf. pelo menos T. Gedert-Steinacher, *Menschenwürde als Verfassungsbegriff. Aspekte der Rechstprechung des Bundesverfassungs-gerichts zu Art. I. Abs I Grundgesetz*, Berlin, 1990, e Ch. Enders, *Die Menschenwürde in der Verfassungsordnung. Zur Dogmatik der Art.I GG*, Tübingen, 1997 (ambas as obras trazem muitas citações jurisprudenciais e doutrinais). Cf. também D. Jaber, *Über den mehrfachen Sinn von Menschenwürde-Garantien. Mit besonderer Berückschitigung von Art. I Abs I Grundgesetz*, Frankfurt a. M. Para se ter uma ideia do debate recente, cf. H. Hofmann, *Methodische Probleme der juristichen Menschenwürde Interpretation*, em I. Appel-G. Hermes (eds.), *Mensch – Staat – Umwelt*, Berlin, 2008, p. 47-78.

tempo haverá variações sobre o assunto nos dois países, sendo que o papel cardinal desenvolvido na Alemanha pelo princípio da dignidade humana permanecerá constante, abrangendo a doutrina, enquanto que na Itália é precisamente esta última que permanecerá, injustamente e por muito tempo, deixada de lado.[7]

---

[7] É sintomático que nas enciclopédias jurídicas não conste o verbete "dignidade humana", a não ser como uma referência específica à dignidade do trabalhador. Cf. A. Catandella, *Dignità e riservatezza del lavoratore (tutela della)*, in *Enc, giur. Treccani*, XI, Roma, 1989. Ainda hoje são poucas as pesquisas específicas sobre o argumento. Cf. F. Bartolomei, *La dignità umana come concetto e valore costituzionale*, Torino, 1987; A. Ruggieri-A. Spadato, *Dignità dell'uomo e giurisprudenza costituzionale (prime notazioni)*, in *Politica del diritto*, XXII, 3 (1991), p. 415-426. Em meio à literatura mais recente, além do ensaio de Giorgio Resta (cf. *infra*. p. 81, n.32. Cf. G. Piepoli, *Dignità e autonomia privata*, in *Politica del diritto*, XXXXIV, 1 (2003), p. 45-67; F. Gambini, *Il principio di dignità*, em *I diritti della persona, Tutela civile, penale, amministrativa*, aos cuidados de P. Cendon, v. 1, p. 231-242; Torino, 2008. F. Unnia, *Danno della dignità della persona umana da pubblicità*, em *I diritti della persona*, v. 2, op. cit., p. 199-225; M. C. Lipari, *La dignità dello straniero*, in "Política del diritto", XXXVII, 2(2006), p. 283-319, e D. Carusi, *Non solo procreazione assistita: il principio di pari dignità e la costituzione minacciata*, in Politica del diritto. XXXVIII, p. 413-450, 3(2007); E; Ceccherini (ed.) *La tutela della dignità umana*, Roma-Bari, 2009. Seja-me consentido também recomendar minha contribuição, *Il principio della dignità umana*, em *Quando il danno non patrimoniale è risarcibile*, aos cuidados de P. Cendon, a ser publicada pela editora Giuffrè.

3

Novas Tendências

Durou muito tempo o debate pós-bélico sobre a dignidade humana, estendendo-se até o fim dos anos sessenta; enquanto na Alemanha, justamente no decurso daquele decênio, vêm à luz três obras de grande abrangência, na Itália, naqueles tempos, não se dá nenhum escrito de jurista ou de filósofo que possa ser comparado àquelas.[1] Naquela época ocupam-se do tema da dignidade humana um filósofo da importância de Ernst Bloch, um jurista e filósofo do direito, da estatura de Werner Maihofer, e um dos mais importantes sociólogos do século XX, Niklas Luhmann. Tanto em Bloch como em Maihofer, a ideia de dignidade humana ainda está ligada à mensagem universalista proveniente do jusnaturalismo, enquanto vem de Luhmann a primeira crítica radical a essa visão, que então era largamente dominante.

Igualmente, a referência ao jusnaturalismo não é mais feita por meio da ótica negativa e defensiva que havia caracterizado o imediato pós-guerra, mas antes se caracterizou por uma ótica positiva e propositiva; se para Bloch a "dignidade humana é impossível sem se alcançar o fim das necessidades

---

[1] Na França, no clima existencialista, destaca-se o livro de G. Marcel, *La dignité humaine et ses assises existentielles*, Paris, 1964 (traduzido para o italiano: *La dignità umana e le sue matrici esistenziali*, Torino, 1983).

humanas, como a felicidade conveniente ao homem é impossível sem o fim da submissão velha e nova",[2] para Maihofer, a tutela da dignidade humana vai além da "personalidade do homem" e implica a "solidariedade entre os homens", isto é, a superação dos relacionamentos socioeconômicos que são um obstáculo a sua realização.[3] Em outras palavras, para ambos a tutela da dignidade humana não pode prescindir da satisfação das necessidades humanas concretas, pelas quais o Estado social é convocado a se responsabilizar. Luhmann, pelo contrário, em uma de suas primeiras reflexões, apresenta-nos uma crítica radical daquela interpretação da dignidade que faz dela uma só coisa com um dom que os homens possuem pelo simples fato de serem homens: pelo contrário, a dignidade é algo a ser construído socialmente, é o resultado de uma "prestação de representações" com as quais o indivíduo adquire, na sociedade, sua própria dignidade.[4] Assim interpretada, a dignidade assume um significado dinâmico: é parte do processo de individualização da autorrepresentação mediante o qual o homem, em comunicação com outros homens, adquire consciência de si mesmo, torna-se pessoa e assim se constitui em sua humanidade.

No começo dos anos setenta, contudo, a atenção se desloca, o debate filosófico (jurídico e político) passa a ser

---

[2] Cf. E. Bloch, *Naturrecht und menschiliche Würde*, Frankfurt a. M., 1961, p. 14 (traduzido para o italiano por G. Russo, *Diritto naturale e dignità umana*, Torino, 2005, p. XIV).

[3] Cf. W. Maihofer, *Rechtstaat und menschiliche Würde*, Frankfurt a. M., 1968, op. cit., p. 40-41. A primeira edição é do ano anterior e apareceu com o título *Die Würde des Menschen*, Hannover, 1967.

[4] Cf. Luhmann, *Grundrecht als Institution. Ein Beitrag zur politischen Soziologie* (1965), p. 53-83, Berlin, 1999², ed., traduzido para o italiano por G. Palombella – L. Pannarale, *I diritti fondamentali come istituzione*, Bari, 2002, p. 98-138.

dominado por uma teoria que se manterá por muito tempo, a de John Rawls, que insiste sobre a necessidade de se construir uma sociedade bem ordenada e mais justa.[5] Mas já nos anos 1990, e de então para cá, sempre com maior ênfase, é de novo o tema da dignidade humana que volta a ser o ponto central da discussão. E, a bem da verdade, tanto o argumento defendido por Bloch e por Maihofer, como o sustentado por Luhmann estão presentes nas atuais discussões. Contudo, se a referência a Luhmann é explícita tanto na área ético-filosófica como na filosófico-jurídica, o mesmo, em geral, não se pode dizer para os outros dois autores. Mas como não ver precisamente em Bloch e em Maihofer a primeira referência ao fato de que a dignidade humana não pode referir-se somente à pessoa abstrata enquanto sujeito jurídico, mas também ao indivíduo concreto, enquanto sujeito subordinado a relacionamentos socioeconômicos, que por si só não podem garantir nem mesmo o mínimo da subsistência indispensável para viver? Quando o homem é constrangido a viver abaixo desse limiar e cai em extrema pobreza, então se pode falar de violação da dignidade humana. Não somente. A conexão entre dignidade e necessidade torna-se, hoje em dia, central naqueles relacionamentos fundamentados em "capacidade", que encontraram sua sistematização filosófica na orientação neoaristotélica de Marta Nussbaum.[6]

---

[5] J. Rawls, *A Theory of Justice* (1971), em italiano: *Una teoria della giustizia*, sob os cuidados de S. Maffettone, Milano, 1982.

[6] A esse respeito são exemplares os três estudos reunidos por Chiara Saraceno no volume: M. Nussbaum, *Giustizia sociale e dignità umana. Da individuo a persone*, Bologna, 2002. Sobre esses estudos veja-se D. Carusi, *Dignità umana, capacità, famiglia: la giustizia sociale nei più recenti scriti di Martha Nussbaum*, em "Politica del diritto", XXXIV (2003), p. 103-113.

O homem não é primeiramente *animal rationale* e nem *animal morale*, mas "animal com necessidades". E quanto mais a sociedade está apta para satisfazer essas necessidades, tanto mais se realiza nela a dignidade humana. Não apenas não existe dignidade humana quando falta a comida para a alimentação, mas também quando o exercício prático das próprias capacidades é sufocado por condições sociais de abuso.

A dignidade é algo que pertence a todos os homens, mas é preciso que haja empenho em se criar condições nas quais ela possa efetivamente se desenvolver. Não é por acaso que a citação de Marx, que se pode encontrar seja em Bloch, seja em Maihofer, seja retomada nesse sentido também pela neoaristotélica Nussbaum. Aqui o discurso sobre a dignidade adquire um conteúdo fortemente emancipatório. Destinatários da dignidade não são mais os indivíduos racionais conscientes e independentes, mas crianças, mulheres, anciãos, pessoas que não só vivem em situações degradantes, mas que não são colocadas em condições de expressar suas próprias capacidades.

Se nesta direção se insiste principalmente sobre a dimensão social da dignidade, na de matriz luhmanniana é decisiva a dimensão individual. Luhmann tornou-se muito importante porque, de um lado, como bem o notou Ralf Stocker, criticando a orientação moderna do direito natural, sem o saber, caminhou na direção do significado antigo de dignidade, conexo com o papel que o indivíduo exerce na sociedade.[7] E, de outro, como o notou Kurt Seelmann, individuou na noção de "representação" um ele-

---

[7] Cf. R. Stoecker, *Die Würde des Embryos*, em D. Gross (ed.) *Ethik in der Medizin in Lehre, Klinik und Forschung*, p. 53-71, Würtzburg, 2002.

mento fundamental da dignidade humana.[8] Ambos relacionam estreitamente esse modo de compreensão da dignidade humana como dignidade individual com um trabalho que na Alemanha assumiu uma posição de relevo nos atuais debates sobre o tema; trata-se de *The Decent Society* de Avishai Margalit.[9] Para este original filósofo israelita, o básico não é mais a "sociedade bem organizada", sobre a qual Rawls tinha centrado sua atenção, mas a "sociedade decente", que ele não havia levado em consideração. E para Margalit uma sociedade é decente quando as instituições que a formam não ofendem o respeito que todo indivíduo deveria ter a si mesmo. A dignidade não é outra coisa senão "a representação do respeito a si mesmo".

A ligação entre dignidade humana e respeito de si, contudo, não é menosprezada. Antes de tudo ela pressupõe que o objeto da dignidade não seja a pessoa abstrata, enquanto sujeito jurídico titular de direitos e deveres como qualquer outra pessoa, mas o homem enquanto indivíduo concreto que se autorrepresenta como parceiro da interação. Segundo a mentalidade que, unindo-se ao jusnaturalismo moderno, insiste sobre a dignidade da pessoa abstratamente compreendida, um homem pode continuar a ter respeito a si também quando é submetido a condições degradantes que violam sua dignidade e, pelo contrário, pode perder o respeito de si, mesmo que não seja submetido a essas condições.

---

[8] Cf. K. Seelmann, *Representation als Element von Menschenwürde*, in "Studia Philosophica" 63 (2004), p. 144-158. (O fascículo inteiro da revista foi dedicado ao tema da dignidade humana.)

[9] Cf. A. Margalit, *The Decent Society*, Cambridge, (Mass.), 1996, (tradução alemã: *Politik der Würde. Über Ächtung und Verachtung*, Frankfurt a. M., 1999; o título escolhido para a tradução alemã já é significativo, coloca o acento diretamente sobre a dignidade). O texto foi traduzido também para o italiano, mas não despertou a atenção que merece: *La società decente*, por A. Vilani, Milano, 1998. Cf. do mesmo autor, agora também em italiano, o estudo *La dignità umana fra kitsch e deificazione*, em "Ragion pratica", (2005) p. 507-521, 25.

As coisas mudam de aspecto quando, com Luhmann, concebemos a dignidade humana como individualização da autorrepresentação: sob este ponto de vista, de fato, um homem pode ser atingido em sua dignidade também todas as vezes que um comportamento externo é tal que venha a feri-lo no respeito de si, na medida em que com tal comportamento haja uma intromissão no âmbito inteiramente privado da autorrepresentação. Neste âmbito o homem possui domínio absoluto – é ele quem decide qual imagem (representação) de si tornar pública – que somente em situações excepcionais pode ser licitamente violado. Todo homem tem o direito de ser respeitado positivamente por aquilo que não quer que os outros venham a conhecer de si e sobre o que deseja manter absoluta reserva. E tanto mais nos tornamos publicamente transparentes, tanto mais cresce a necessidade de defender o núcleo mais profundo de intimidade que deveria permanecer inviolado.

O reconhecimento de uma esfera própria, privada, encontra aqui seu fundamento filosófico[10] e a problematicidade de todas aquelas situações em que acontece uma intromissão na vida privada – por exemplo, mediante o uso de interceptações telefônicas ambientais, publicação não autorizada de escritos, documentos pessoais e imagens ou o uso de máquinas da verdade para fins processuais – deriva do fato de que todas essas coisas entram em conflito com o monopólio da representação de si que compete a cada indivíduo. Não existe dúvida de que

---

[10] Sob o aspecto filosófico na Itália a *privacy* recentemente foi objeto de um interessante estudo de Vittorio Mathieu, que ainda em sua originalíssima interpretação está ligada exclusivamente (e, na verdade, unilateralmente) ao pensamento clássico alemão. Cf. V. Mathieu, *Privacy e dignità dell'uomo. Una teoria della persona*, sob os cuidados de R. Sanchini, Torino, 2004. Quanto ao aspecto jurídico, na literatura recente, cf. S. Niger, *Le nuove dimensioni della privacy: dal diritto alla riservatezza alla protezione dei datti personali*, Padova, 2006.

tudo isso implica numa significativa ampliação do campo de aplicação da dignidade humana, a toda uma nova série de comportamentos (por outro lado, como logo veremos, esse modo de entender a dignidade poderia também implicar em certa sua restrição). Pode-se ferir a dignidade de uma pessoa não apenas a torturando ou a submetendo a condições degradantes, mas também desacreditando publicamente, talvez revelando situações particularmente delicadas de sua vida privada ou publicando imagens comprometedoras ou, ainda, fazendo conhecidas afirmações que são incompatíveis com seu papel institucional, que lesam sua reputação.

A falta de respeito é, neste caso, lesiva da dignidade, porque aquela pessoa é violentada na representação que pretendeu criar publicamente para si. Esta pessoa deve ter uma nova chance de representação, caso contrário sua existência fica arruinada.

Falando claro, tudo isso não se mostra contra a "velha" imagem de dignidade humana. As "purificações" éticas que ensanguentaram a ex-Iugoslávia, o genocídio de Ruanda, os casos de tortura e de degradação a que foram submetidos alguns prisioneiros iraquianos, por parte dos soldados estado-unidenses, na prisão de Abu Ghraib, e as condições desumanas em que são mantidos os prisioneiros, tidos como presumidos terroristas afegãos, na prisão de Guantánamo – para citar apenas alguns dos acontecimentos mais recentes que abalaram a opinião pública mundial –, demonstram o quanto é importante agora defender a dignidade humana nos conflitos armados.[11]

---

[11] Embora em todos esses casos se fale principalmente de "violação dos direitos humanos", uma vez que a ideia da dignidade humana ainda não adquiriu o destaque que merece. A única publicação em língua italiana na qual aparece uma alusão à dignidade humana, se não me engano, é *Diritti senza pace. Difendere la dignità umana nei conflitti armati*, publicado pela Amnesty International, Fiesole, 1999. A mesma

O aspecto mais importante não é o fato de que a tortura, ainda hoje, continue a ser praticada, mas que chegue até a ser justificada como arma para combater o terrorismo. A ideia de que, por razões de segurança, a tortura possa de novo ser utilizada como meio para se levar avante os interrogatórios policiais significa um perigoso passo atrás, que absolutamente não devemos permitir se não quisermos recair na barbárie. Recorrer, nesse contexto, à dignidade humana como um escudo para a defesa de qualquer pessoa (mesmo daquela que se manchou por crimes os mais hediondos) faz justiça ao caráter fundamental de tal princípio.

Todavia, é incontestável que o conceito de dignidade assumiu hoje novos significados. A ideia moderna de dignidade humana, que nos proíbe fundamentalmente reduzir a pessoa a coisa, não nos permite, em outras palavras, compreender situações em que a ofensa da dignidade possa depender de que a vítima pode sentir-se ofendida no respeito a si mesma todas as vezes que sua autorrepresentação venha a ser publicamente colocada em discussão.

---

coisa pode ser dita sobre as "velhas" e as "novas" formas de redução à escravidão. Veja-se, a esse respeito, G. Caruso, *Delitti di schiavitù e dignità umana. Contributi per un'ermeneusi della lege 11 agosto 2003*, n. 228, Roma, 2004.

4

Da Pessoa Abstrata
ao Indivíduo Concreto

Com a dignidade humana aconteceu algo semelhante ao que na segunda metade do século passado aconteceu com os direitos humanos. Se no começo eles se referiam ao homem em abstrato, como ente genérico, independentemente de qualquer determinação concreta (sexo, cor, língua etc.), reservando a cada homem o direito de ser tratado como qualquer outro homem, passou-se, em seguida, a considerar o homem concretamente na especificidade de seus diversos status, diferenciados de acordo com o sexo, a idade, as condições físicas ou sociais. Tanto o primeiro processo insiste sobre a necessidade de igual tratamento dos seres humanos, quanto o segundo sobre a necessidade de um tratamento diferenciado: a mulher diversamente do homem, a criança do adulto, o adulto do velho, o são do doente e assim por diante, com diferenciações cada vez mais específicas.

Basta que se lance um olhar sobre as diversas Declarações dos direitos que se seguiram no decurso dos anos[1] para se dar

---

[1] Lembramos, entre outros, estes documentos fundamentais da ONU: Convenção sobre o status dos apólidas (28 de setembro de 1954); Convenção sobre a abolição do trabalho forçado (25 de junho de 1957); Convenção para a eliminação de todas as formas de discriminação contra as mulheres (18 de dezembro de 1979);

conta imediatamente desse desenvolvimento.[2] Esse processo de proliferação dos direitos humanos traz consigo direitos de conteúdo econômico e social (como, por exemplo, o direito ao trabalho, o direito à saúde, à instrução, a um mínimo de subsistência vital), direitos que se referem a indivíduos considerados não enquanto particulares, mas enquanto pertencentes a grupos e, enfim, direitos que se referem ao homem nas diversas fases da vida ou especialmente a suas condições físicas de vida.

Esse processo fez com que se deslocasse o acento do homem considerado em abstrato, igual a qualquer outro homem, para o homem considerado em concreto, com todas aquelas diversidades que podem caber-lhe por fazer parte de um determinado grupo, e não de outro, ou por se encontrar em determinada fase da vida, e não em outra. Isto explica os direitos das mulheres, das pessoas de cor, das minorias étnicas ou de outro gênero, as intervenções humanitárias nos confrontos de populações reduzidas e em estado de extrema pobreza, e, quando se trata das diversas fases da vida, os direitos da criança, do ancião, do enfermo (especificamente do doente mental), das pessoas com deficiência motora.

Mais recentemente o acento se deslocou para as diversas fases da vida pré-natal (devido às técnicas de procriação assistida e da manipulação genética) e para as diversas fazes que acompanham o morrer sempre mais dependente do controle tecnológico.

Convenção contra a tortura e outras penas ou tratamentos cruéis, desumanos ou degradantes (10 de dezembro de 1984); Convenção sobre os direitos das crianças (20 de novembro de 1989); Convenção sobre os direitos das pessoas carentes (30 de março de 2007).

[2] Como Norberto Bobbio já havia notado com muita precisão em alguns de seus escritos fundamentais, reunidos no volume *L'età dei diritti* (vejam-se particularmente as p. 68-70, sendo que o tema volta à tona também em outras seções do texto), Torino, 1992.

Direitos do embrião e/ou do feto e direitos do doente terminal, ou em condições de persistente inconsciência (a partir do reconhecimento do assim chamado "testamento biológico"), estão hoje no centro de debate. E muitas vezes, justamente nestes últimos contextos, é frequente a lembrança da dignidade humana.

Às declarações dos direitos acima citadas seguiram-se outras em que a proclamação dos direitos humanos é precedida pelo reconhecimento do valor da dignidade humana. E agora a afirmação da dignidade é feita tanto no sentido da tutela da pessoa em abstrato quanto no sentido da tutela do indivíduo concreto. Para se chegar a uma rápida compreensão desse fato, é suficiente levar em consideração o capítulo primeiro da Declaração dos Direitos Fundamentais da União Europeia, proclamada solenemente em Nice, em dezembro de 2000, reconhecida pelo Tratado de Lisboa, de dezembro de 2007, e colocá-la em confronto com a Convenção europeia pela salvaguarda dos direitos do homem e das liberdades fundamentais, que entrou em vigor em setembro de 1953. É importante observar como na Convenção jamais aparece uma referência explícita à dignidade humana[3] e, mesmo onde a referência é explícita,

---

[3] Ambos os documentos constam do volume, do qual se cita, *Codice dei diritti umani*, aos cuidados de G. Conso e A. Saccucci, p. 347-351, (Convenção europeia), Padova, 2001, p. 577-584 (Declaração dos direitos). No que se refere a nosso tema, e especificamente sobre a Convenção europeia, cf. B. Maurer, *Le principe de respect de la dignité humaine et la Convention européenne des droits de l'homme*, Paris, 1999, e Bartole – B. Conforti – G. Raimondi, *Commentario alla Convenzione europea dei diritti dell'uomo e delle libertà fondamentali*, Padova, 2001. Sobre a Declaração dos direitos, cf. o comentário de R. Bifulco-M. Cartabia-A. Celotto (eds.) *L'Europa dei diritti. Commento alla Carta dei diritti fondamentali dell'Unione europea*, Bologna, 2001 (nas p. 38-45 veja-se o comentário de M. Olivetti ao artigo 1); fundamental a respeito é R. Bifulco, *Dignità umana e integrità genetica nella Carta dei diritti fondamentali dell'unione Europea*, in "Rassegna Parlamentare"

– 39 –

ela diz respeito ao homem em abstrato, enquanto que na mais recente Declaração dos direitos é propriamente o elemento individual que adquire particular relevo. Aqui a expressão "toda pessoa" dominante na Convenção é muitas vezes substituída pela expressão "todo indivíduo".

Com certeza este não é o lugar para uma comparação entre os dois documentos, mas é importante, pelo menos, recordar que na Convenção o direito à vida de "toda pessoa" não exclui a pena de morte (artigo 2), enquanto que na Declaração dos direitos o fato de que "todo indivíduo" tem direito à vida importa que "ninguém pode ser condenado à pena de morte, nem justiçado" (artigo 2, parágrafo 2).

Além disso, é interessante a tutela da privacidade (privacy), que é prevista na Declaração (artigo 8) por disposições detalhadas sobre a proteção dos dados pessoais: "todo indivíduo tem direito à proteção dos dados de caráter pessoal que lhe dizem respeito" (artigo 8, parágrafo 1).[4] Todo o capítulo primeiro da Declaração, dedicado à dignidade, depois de ter reafirmado, usando os mesmos termos da Lei fundamental alemã, o valor

---

1 (2005), p. 63-115. A Declaração dos direitos posteriormente foi inserida, como segunda parte, no *Progetto di Trattato che istituisce una Costituzione per l'Europa*, apresentado ao Conselho europeu reunido em julho de 2003 em Tessalônica e confirmado em Roma em 29 de outubro de 2004 e reconhecido pelo Tratado de Lisboa de 13 de dezembro de 2007 (nele foi reservado à dignidade o Título I, artigo. II 61-65). Uma contribuição fundamental a respeito do nosso tema foi fornecida por G. Resta, *La disponibilità dei diritti fondamentali e i limiti alla dignità (note a margine della Carta dei diritti)*, em "Rivista di diritto civile" (2002), p. 801-848.

[4] E disposições análogas encontram-se em nosso novo código em matéria de proteção dos dados pessoais (D. Lgs, n. 196, 30 de junho de 2003), que não por acaso, no artigo 2, relaciona estreitamente a privacy com a dignidade: o código "garante que o tratamento dos dados pessoais aconteça no respeito dos direitos e das liberdades fundamentais, e também da dignidade do interessado, com particular referência à privacidade, à identidade pessoal e ao direito de proteção dos dados pessoais".

"intangível" da dignidade humana ("ela deve ser respeitada e tutelada") repropõe a dignidade humana como tutela da dignidade da pessoa enquanto pessoa, proibindo torturas e penas ou tratamentos desumanos e degradantes (artigo 4), como também a escravidão, trabalhos forçados, e trata de seres humanos (artigo 5), deixando porém transparecer toda a importância da tutela da dignidade da pessoa enquanto indivíduo concreto.

Não só proíbe a pena capital (seja sob a forma de execução, seja como simples condenação), como ainda veta, na área da biomedicina, todas aquelas práticas (como a eugenética, a comercialização do corpo humano, a clonagem reprodutiva) tidas como lesivas da "integridade física e psíquica" de "todo indivíduo" (artigo 3). Tutelar a integridade física e psíquica significa reconhecer a cada ser humano o direito de ser considerado não apenas como ente genérico e por isso igual a qualquer outro indivíduo, mas também como ente individual e por isso diferente de qualquer outro indivíduo.

A Declaração fornece proteção em todo o campo da dignidade humana; é o primeiro documento jurídico que aparece em sua plena autonomia no que diz respeito aos direitos fundamentais, como a liberdade e a igualdade a que tradicionalmente vinha associada.

Essa relevância da dignidade humana está associada – como resulta especialmente do artigo 3 – às possíveis implicações bio-etnológicas sobre o homem e é extremamente significativa para que retome, e se possível para aumentar, a centralidade a ela atribuída por um documento, pouco anterior, que se ocupa especificamente de tais aplicações: a assim chamada Convenção de Oviedo do Conselho da Europa.[5]

---

[5] Conselho da Europa, Convenção para a proteção dos direitos do homem e da dignidade do ser humano, diante das intervenções da biologia e da medicina

Já no título do documento a dignidade vem associada à proteção dos direitos do homem, como também no Preâmbulo existe pelo menos uma passagem em que ela está presente autonomamente, na qual se afirma "a necessidade de se respeitar o ser humano tanto como indivíduo, como por sua pertença à espécie humana" e se reconhece "a importância de assegurar sua dignidade". Aqui, entre outras coisas, fica evidente o uso do vocábulo nos dois significados acima relacionados: a dignidade do homem como ente genérico e como ente individual.

A Convenção de Oviedo coloca-se como o primeiro documento jurídico[6] internacionalmente vinculante, que trata de modo específico das possibilidades de aplicação aos homens dos progressos da medicina e da biologia e parte da tomada de consciência de que "o uso impróprio da medicina e da biologia pode levar a atos que colocam em perigo a dignidade humana". É diante dessa situação que a Convenção se propõe a adotar "as medidas necessárias para garantir a dignidade humana e também os direitos e as liberdades fundamentais do indivíduo". E o

---

(Convenção sobre os direitos do homem e sobre a biomedicina), Oviedo, 4 de abril de 1997. O texto oficial, em francês e em inglês, bem como a tradução italiana comentada por L. Carra e M. Mori, foi publicado em "Bioética", 4(1998), p. 581-609. Uma interessante síntese comentada é a de R. Adorno, *The Oviedo Convention: A European Legal Framework at the Intersection of Human Rights and Health Law*, in "Journal of International Biotechnology Law" 2(2005), p. 133-143. Sobre a Convenção, no que diz respeito a nosso tema, é importante a publicação: E. Furlan (ed.), *Bioetica e dignità umana. Interpretazioni a confronto a partire della Convenzione de Oviedo*, Milano, 2009.

[6] A ênfase sobre a noção de dignidade humana que caracteriza a Convenção de Oviedo foi retomada por todos os mais importantes documentos da UNESCO, que depois dela se ocuparam de questões de bioética: UNESCO, Declaração universal do genoma humano e dos direitos humanos, 11 de novembro de 1997 (atenção particular para os artigos 1, 2, 10, 11, 12a, 15); UNESCO, Declaração universal sobre a diversidade cultural, 2 de novembro de 2001 (veja-se particularmente o preâmbulo e o artigo 4).

artigo 1º afirma que as partes signatárias se empenham em proteger "a dignidade e a identidade de todos os seres humanos" e a garantir "a cada indivíduo, sem discriminação, o respeito de sua integridade e de seus direitos e liberdades fundamentais face às aplicações da biologia e da medicina".

Contudo, não é possível detalhar aqui uma análise desse importante documento (e dos protocolos adotados que o sucederam ou que ainda estão em curso de elaboração, que dizem respeito a cada um dos questionamentos, como, por exemplo, à proibição da clonagem humana). Porém, dois aspectos devem ser destacados e exigem um tratamento específico que será desenvolvido nos próximos dois capítulos.

Em um documento que tem como endereço a dignidade humana e toda uma série de direitos humanos fundamentais, não fica bem claro em que consistiria propriamente a proteção da dignidade humana em vista à proteção dos outros direitos fundamentais.

Em segundo lugar, na Convenção não fica definido o que se entende por "ser humano": essa deficiência pode parecer de todo irrelevante, uma vez que todos sabemos o que vem a ser um ser humano. Veremos, contudo, no capítulo conclusivo final (adiante, capítulo VI) que não é bem assim.

5

A Vida Humana em Tempos de sua Reprodução Técnica

Quanto ao primeiro aspecto poder-se-ia retrucar que a Convenção, associando a dignidade à identidade genética, tenha pretendido, de algum modo, indicar um limite intransponível: o da manipulação do patrimônio genético com o fim deliberado de planificar a criação de seres humanos com características melhores do que as já existentes. Essa explicação é confirmada pelos artigos 11-14, dedicados ao genoma humano.

Embora, naquele contexto, não se encontre a locução "dignidade humana", é evidente que a tutela da identidade genética é fundamentada justamente sobre a intangibilidade da dignidade humana, que deve ser entendida tanto no sentido de um direito de *todos* os seres humanos (e, portanto, da espécie humana enquanto tal) à integridade do patrimônio genético, quanto do direito de cada um dos indivíduos à unicidade de seu genótipo e a não sofrer discriminações por causa disso.

Interpretada dessa maneira, a noção de dignidade humana pode ser encarada como uma ótima defesa contra as tentações (a partir da clonagem reprodutiva) a que hoje se expõem as biotecnologias aplicadas à espécie humana. De fato, não é somente a dignidade dos indivíduos ou de um grupo de homens – que hoje, pelo menos no âmbito de princípios, com certeza encontram mais tutela do que no passado –, mas a dignidade da espécie a que pertencem, na medida em que eles mesmos pretendem manipulá-la. Contudo, ainda sobre esse assunto, no debate bioético atual existe menos acordo do que poderia parecer à primeira vista. Em seguida, alguns rápidos acenos.

Já há alguns anos Stefano Rodotà escreveu que, mesmo admitindo a liberdade de acesso às tecnologias reprodutivas, disso não segue que tal liberdade "possa traduzir-se também no direito de predeterminar as características do nascituro, de intervir em seu material genético. O 'acaso' deve manter seu papel no processo de procriação".[1] Neste gênero de argumentação existe uma questão crucial: por que o homem não poderia assumir em suas próprias mãos o destino de sua evolução, visto que já se encontra em condições de poder fazê-lo, em vez de continuar entregando-se ao acaso?

Hoje existem os que defendem abertamente a ideia. A revolução da biologia molecular nos oferece, hoje, a possibilidade de guiar e controlar a evolução humana, e não se vê, *prima facie*, por qual razão uma ética leiga deveria continuar entregando-se ao acaso. A manipulação genética é o futuro do homem. Esta é, pelo menos, a conclusão radical mais coerente a que chegou John Harris em um livro emblemático, traduzido também para o italiano.[2] Ao que se poderiam contrapor

---

[1] Cf. S. Rodotà, *Tecnologia e diritti*, Bologna, 1995, p. 160. Mais recentemente essa mesma argumentação foi retomada para caracterizar uma "chave de interpretação leiga da noção de dignidade". Cf. M. G. Giammarinato, *Luci e ombre della Carta Europea dei diritti*, em "Bioetica", p. 710-725 (715), 4 (2001).

[2] Cf. J. Harris, *Wonderwoman & Superman*, 1992, traduzido para o italiano com o mesmo título, por R. Rini, Milão, 1997.

alguns escritos recentes de Jürgen Habermas que, pelo contrário, insistem sobre os riscos de uma genética liberal,[3] ou o ensaio bioético de Leon R. Kass.[4]

Mesmo que aqui não seja possível um confronto entre essas duas perspectivas opostas, parece-me importante ressaltar como – perante o problema da manipulação genética por parte daqueles que preferem assinalar seus perigos – justamente o recurso à ideia do homem como "imago Dei" continue ainda a mostrar, não obstante sua aparente fragilidade, toda a sua força. E isso porque, examinando melhor, esse argumento evita que se caia no reducionismo biológico e na consequente acusação de "especismo" que muitas vezes é levantada contra aqueles que sustentam que o homem deve ser tutelado unicamente porque pertence à espécie humana.[5]

Com certeza esse obstáculo pode ser superado, como recentemente o fez, em 1999, o povo suíço, inserindo na Constituição do país um artigo que prevê a proteção contra os abusos da engenharia genética mesmo em ambiente não humano e fala expressamente de uma "dignidade da criatura" (*Würde der Kreatur*,

---

[3] Cf. J. Habermas, *Die Zukunft der menschilichen Natur. Auf den Weg zu einer liberalen Eugenik?* (2001), tradução italiana de L. Ceppa, *Il futuro della natura umana. I rischi de una genetica liberale.* Torino, 2002.

[4] Limito-me a citar L. R. Kass, *Life, Liberty and the Defense of Dignity. The Challenge for Bioethics* (2002), na tradução italiana *La vita, la libertà e la difesa della dignità umana,* Torino, 2007.

[5] O termo "especismo" foi cunhado por R. D. Ryder (seguindo a analogia de "racismo" e "sexismo" que indica a discriminação baseada na raça e no sexo). No caso é a discriminação que os homens às outras espécies (cf. R. D. Ryder, *Experiments on Animals,* em *Animals, Men and Morals: an Enquiry into the Maltreatment of Non-Humans,* por R. e S. Gedlovich J. Harris, London, 1971). O termo foi muito bem-aceito, principalmente a partir da publicação de *Animal Liberation* (1975) de Peter Singer (tradução italiana de E. Ferreri, *Liberazione animale,* de P. Cavalieri, Milano, 1991).

artigo 120, parágrafo 2), estendendo assim a tutela da dignidade a todas as criaturas viventes, animais e plantas inclusive. Embora sejam razoáveis as intenções que levaram à introdução desse novo conceito, deve-se, porém, atentar para o risco que se corre: perder-se-ia aquela especificidade da dignidade que sempre a caracteriza, isto é, fazer parte do ser humano.[6]

Para superar a pecha de especismo, outro caminho pode ser seguido; Robert Spaemann, por exemplo, sustentou a seguinte argumentação: o homem possui uma dignidade específica no mundo da natureza viva, não por causa de sua particular conformação genética, mas porque é o único ser que pode relativizar a si mesmo, distanciar-se da própria subjetividade e colocar seus próprios interesses em um contexto em que outros interesses (humanos ou não humanos) passam a ser contestados. É porque existem homens que podemos, atualmente, falar de direitos dos animais e até de nossos deveres para com a natureza. E é justamente nessa capacidade de relativizar a si mesmo que se revela, paradoxalmente, o absoluto do homem, sua incomensurabilidade, em comparação com os outros seres vivos. Spaemann refere-se a Santo Agostinho que considera o homem capaz de *amor Dei usque ad contemptum sui* e conclui: "o conceito 'dignidade' refere-se a algo sagrado: é substancialmente um conceito metafísico-religioso".[7]

---

[6] Para uma discussão sobre o tema, cf. *"Würde der Kreature"*. *Essays zu einen kontroversen Thema*, aos cuidados de A. Bondolfi, W. Lesch, D. Pezzoli-Olgiati, Zürich, 1997, e Ph. Balzer-K. P. Rippe-F.Schaber, *Menschenwürde vs. Würdeder Kreatur Begriffsbestimmung, Gentechnik, Ethikkommissionen*, Freiburg-München, 1998. Uma leitura estimulante da dignidade humana e animal à luz do "valor intrínseco de *criaturas* que é reconhecido nos animais" encontra-se em F. D'Agostino, *Filosofia del diritto,*, p. 252-261, Torino 1993.

[7] Cf. R. Spaemann, *Über den Begriff der Menschenwürde*, em E.-W; Böckenförde-R. Spaemann (eds.) *Menschenrechte und Menschenwürde. Historische Voausseitzugen –*

Assim, é o apelo a algo superior ao homem que fundamenta sua dignidade.

Essa orientação, admitindo-se que possa superar a censura do especismo, pode ir de encontro a uma objeção não irrelevante: as premissas normativas que regem a atual convivência humana são independentes de tradições religiosas e metafísicas. Mas também sob esse ponto de vista as coisas são mais complexas do que possa parecer à primeira vista. Antes de tudo, a concepção metafísica pode ser considerada separadamente da concepção religiosa. Saído de uma imersão cultural nos antigos movimentos gnósticos antigos e mais recentes, Hans Jonas, por exemplo, tenta recuperar a metafísica esforçando-se por mantê-la separada da religião, embora, por outro lado, se veja constrangido a admitir que tal composição "talvez seja impossível sem a religião".[8] É constante nele o pensamento de que a figura

---

säkulare gestalt – christliches Verständnis, p. 295-313. Stuttgart, 1987. A importância do estudo de Spaemann (traduzido para o espanhol já faz tempo e, recentemente, também em italiano, numa coleção de escritos de Spaemann, *Natura e ragione. Saggi di antopologia*, Università della Santa Croce, Roma, 2006), que não passou despercebida para F. Viola que retomou as ideias fundamentais para a conclusão de seu livro *Etica e metaetica dei diritti umani*, p. 208-216 (§ 5, *La giustificazione della dignità umana*), Torino, 2000. Este é, entre outros, um dos poucos casos em que na área de filosofia do direito, na Itália, é tratado o tema da dignidade humana. Do mesmo autor, cf. o verbete *Dignità umana*, na *Enciclopedia filosofica*, p. 2863-2865, Milano, 2006.

[8] Cf. H. Jonas. *Das Prinzip Verantwortung* (1979), tradução italiana: *Il Principio responsabilità. Un'etica per la civiltà tecnologica*, publicado por P. P. Portinaro, Torino, 1990 (a citação está na página 17). Também merece citação uma conferência do mesmo autor, publicada postumamente e pela primeira vez na língua italiana em "Micromega" 5 (2003), p. 40-54: "*Come possiamo fondare indipendentemente dalla fede il nostro dovere nei confronti delle generazioni future e della terra?*" O original alemão foi publicado com o título *Wie könen wir unsere Plifcht gegen die Nachwelt und die Erde unabhänging vom Glaubem begründen?* Em D. Böhler-J. P. Brune (eds.), *Orientierung und Verantwortung Begegnungen und Auseinandersetzungen mit Hyans Jonas*. Würzburg, 2004, p. 71-84. Sobre Jonas seja-me permitido também citar P. Becchi, *La vulnerabilità della vita. Contributi su Hans Jonas*, Napoli, 2008.

do homem, como imagem de Deus, tem como pano de fundo argumentos teológicos em uma ética leiga, antecipando de tal modo alguns êxitos do atual debate sobre a dignidade humana que reabre o discurso sobre o papel ativo das religiões sobre a totalidade da vida neste planeta.

Basta pensar, particularmente, nos escritos de Jürgen Habermas que – a partir do discurso *Glauben und Wissen*, de 2001, até o recente diálogo com Joseph Ratzinger – insistem, mais do que o autor tivesse feito precedentemente, sobre o relacionamento entre religião e Estado liberal-democrático. A linguagem religiosa não é mais somente consolação, não fica limitada à esfera privada dos indivíduos e não exerce apenas uma função dentro da *Lebenswelt* ("mundo vital", alguns preferem traduzir por "mundo da vida", ressaltando o aspecto mais fenomenológico), mas expressa razões, ocupa um espaço na "esfera pública polifônica".[9]

Mesmo que a convivência possa estar fundamentada sobre bases seculares, a religião, despojada de qualquer pretensão integralista, pode tornar-se uma forte fonte de "motivação". Confinar Deus exclusivamente no âmbito privado da própria consciência significa esterilizar a contribuição que a religião pode oferecer ao desenvolvimento da sociedade civil. O processo de secularização deveria então acontecer não de forma destrutiva, mas na modalidade da tradução: "Traduzir a ideia de um homem criado à imagem e semelhança de Deus na ideia

---

[9] Cf. J. Habermas, *Glauben und Wissen* (2001), tradução italiana *Fede e sapere*, em J. Habermas, Il futuro della natura umana. I rischi di una genetica liberale, op. cit., p. 99-112 (a citação está na p. 107). Não se pode esquecer que o ponto de partida de Habermas é um ensaio fundamental de E.-W. Böckenförde, *Die Entstehung des Staats als Vorgang der Säkularisation* (1967), tradução italiana, *La secolarizzazione dello Stato come processo di secolarizzazione*, de M. Nicoletti, Brescia, 2006.

de uma mesma dignidade de todos os homens, respeitando--se incondicionalmente, constitui um exemplo de tal tradução salvífica".[10]

Embora à primeira vista possa parecer surpreendente, aqui Habermas chega a conclusões que são bastante diversas daquela de Spaemann ou de Jonas. Mesmo se orientando por um raciocínio postmetafísico, Habermas, de fato, não encontra nada de melhor do que apelar para a ideia do homem como imagem de Deus para enfrentar os riscos de uma genética liberal. Tudo isso confirma a importância desse argumento no debate moderno. Embora seja necessário observar que, diversamente do último Habermas, no panorama filosófico alemão existem também os que, como Otfried Höffe, apoiando-se em Kant, esforçam-se por dar uma fundamentação exclusivamente secular à dignidade humana.[11]

Resta, contudo, interrogar-se de onde possa despontar essa defesa da "imagem do homem", sem correr o risco de transformar-se na defesa de uma sua *determinada* imagem. Quanto a isso, com certeza, o setor mais problemático é o da reprodução assistida, cujo objetivo, de fato, não foi ainda declarado como sendo o de criar o homem novo, mas simplesmente evitar as

---

[10] Cf. J. Habermas, *Vorpolitische moralische Grundlagen eines freiheitlichen Staates* (2004) in Ratzinger – J. Habermas, *Etica, religione e Stato liberale*, edição de M. Nicoletti, Brescia, 2005, p. 21-40 (a citação é das páginas 35-36). Ainda uma vez o mais conhecido filósofo alemão vivo capta na sociedade o ressurgir de uma necessidade (a religiosa) e busca satisfazê-la filosoficamente utilizando, entre outras coisas, justamente aquele conceito de dignidade que hoje está no centro dos debates. Os mais recentes escritos de Habermas sobre o tema em questão fazem agora parte de uma coleção: J. Habermas, *Zwischen Naturalismus und Religion. Philosophische Aufsätze*, Frankfurt a. M., 2005.

[11] Cf. O. Höffe, *Prinzip Menschenwürde*, em O. Höffe, *Medizin ohne Ethik?*, Frankfurt a. M., 2002, p. 49-69 (uma tradução italiana, apenas parcial, tinha sido antecipada com o título: *Il principio dignità umana*, na revista "Iride", XIV, 33 (2001), p. 243-250.

doenças da humanidade, conforme o ditado: "melhor sadios por escolha do que doentes por acaso". O que desloca a atenção para um outro tema: o do estatuto do embrião, que será enfrentado no próximo capítulo.

No que tange à segunda pergunta aqui colocada, não se pode fugir da seguinte objeção: defender uma determinada imagem do homem poderia ter uma consequência dificilmente aceitável para um Estado liberal, do momento em que isso poderia implicar uma perda, por parte do indivíduo, do poder de definir a própria imagem. Em casos extremos, isso poderia ser aceitável: se uma pessoa decidisse voluntariamente submeter-se a relacionamentos de escravidão ou a vender seus próprios órgãos, podemos defender sua dignidade impedindo-a de fazê-lo, mesmo que seja contra sua vontade. Mas poderíamos impedi--la, com a mesma argumentação, de se prostituir, de aceitar um papel em um filme pornográfico ou de se exibir nua em um *peepshow*, porque tudo isso ofende a dignidade humana?[12] A ideia de definir como imagem digna do homem a imagem que decorre de nossa peculiar moral sexual poderia desembocar em um paternalismo autoritário, dificilmente conciliável com as bases liberais de nossas organizações jurídicas e políticas.

A esfera de aplicação da dignidade humana pode, de fato, ampliar-se muito quando se passa da tutela da imagem *do ho-*

---

[12] A jurisprudência e a doutrina jurídica alemãs defrontaram-se com esse problema. Pode-se ver um resumo, em língua italiana, de G. Resta, *La disponibilità dei diritti fondamentali della dignità (note a margine della Carta dei diritti)*, op. cit., p. 831-837. Sobre o tema da pornografia como ofensa da dignidade, cf. K. Oarusiki, *La pornografia come lesione della dignità umana*, in "Materiali per uma storia della cultura giuridica", XXVII, I (1997), p. 149-189. O artigo discute as teses de duas feministas americanas, Chatarine MacKinnon e Andrea Dworkin, segundo as quais a pornografia, sendo um atentado a *sexual equality*, violaria um elemento específico da dignidade humana, isto é, a dignidade na esfera sexual.

mem para a tutela de *cada* homem, e nem sempre é fácil estabelecer quando se deva tutelar um de preferência a outro.

Uma situação diferente, que, contudo, pode prestar-se a considerações análogas, é aquela que está ligada ao uso do *chador* pelas mulheres islâmicas: uma proibição de semelhante uso poderia, na verdade, configurar-se para a mulher que não quer renunciar a ele como uma perda do poder de definição da própria imagem e, portanto, como uma ofensa a sua dignidade. Restaria, contudo, interrogar-se se o uso do véu islâmico, desde que pode também simbolizar uma discriminação para com a mulher, não constitua um dano à imagem da mulher enquanto tal e, portanto, podendo ser enquadrado nos casos extremos de violação da dignidade humana, do que se falou anteriormente. Por outro lado, é igualmente verdade que usar o véu (diferentemente de outras práticas, como a infibulação) tornou-se também um sinal de protesto anticolonialista e antiocidental e, portanto, não pode ser simplesmente configurável como expressão de subordinação das mulheres.

Concluindo: nem sempre a dignidade humana é sinônimo de autonomia, mas para que uma se apresente realmente como um limite à outra fazem-se necessárias razões muito fortes.

6

A Encruzilhada
da Dignidade Humana

Todos os exemplos discutidos referem-se, de algum modo, à dignidade do ser humano (enquanto ser genérico e enquanto ser específico); mas o que se entende por "ser humano", quando começa sua vida e quando acaba? Como apresentar o problema da dignidade humana em conexão com esses dois eventos da condição humana, a vida e a morte, hoje muito mais submetidos ao domínio tecnológico?

Passo então a considerar o segundo aspecto que foi deixado não resolvido pela Convenção de Oviedo para mostrar de que modo o apelo à dignidade humana assume sentidos diversos de acordo com a orientação seguida por cada um.

A pergunta sobre o que é o homem certamente não é nova, mas hoje tornou-se uma pergunta decisiva, porque estamos avançando sempre mais na direção de modelos de existência pós-humana (o pós-orgânico, o cyborg, o biônico) que estão abalando fortemente o conceito de humanidade. A diagnose, formulada por Günther Anders em *L'uomo è antiquato*, de uma passagem do *homo faber* para o *homo creator*, está revelando-se profética.[1] Não se podem, contudo, condenar as biotecnolo-

---

[1] Cf. G. Anders, *Die Antiquiertheit des menschen* (volume II, 1980) tradução italiana: *L'uomo è antiquato, 2, Sulla distruzione della vita nell'epoca della terza rivoluzione*

– 55 –

gias quando elas nos ajudam a derrotar as doenças genéticas ou a viver melhor com a ajuda de próteses ou órgãos artificiais. O importante, na verdade, é que elas não se transformem em bichos de estimação. Também sobre isso o debate é ainda hoje muito inflamado.[2] E não há discussão a respeito que não passe pela referência à dignidade humana.[3]

---

insdustriale, Torino, 2003. Sobre o conceito de pós-humano existe já uma ampla literatura. Limito-me aqui a citar F. Fukuyama, *Our Posthuman Future: Consequences of the Biotechnology Revolution*, London, 2002, e do lado contrário N. Bostrom, *In Defense of Posthuman Dignity*, em "Bioethics" 19, 3 (2005), p. 203-214 (tradução italiana: *In difesa Della dignità postumana*, em "Bioetica", XIII, 4 [2005], p. 33-46).

[2] É suficiente aqui pensar sobre a áspera polêmica suscitada na Alemanha, há algum tempo, por Peter Sloteredijk, o qual se referindo, entre outras coisas, à *Grosszüchtung* de Nietzsche, assinalava, embora de forma problemática, a passagem ao nível de espécie do fatalismo dos nascimentos ao nascimento opcional e à seleção pré-natal como uma possível "reforma genética". Cf. P. Sloteredjik, *Regeln für den Menschenpark. Ein Antwortschreiben zu Heideggers Brief über den Humanismus*, Frankfurt a. M., 1999, tradução para o italiano em P. (Sloterdjik, Non siamo ancora stati salvati, p. 239-266, Milano, 2004.).

[3] Uma ampla visão panorâmica do atual debate na Alemanha pode ser encontrada no volume da coleção *Biomedizin und Menschenwürde*, sob a responsabilidade de M. Kettner, Frankfurt a. M., 2004; sob o aspecto jurídico cf. K. Seelmann (Ed,) *Menschenwürde als Rechstbegriff*, (ARSP Beiheft n. 101), Stuttgart, 2005. Considerando também a situação austríaca, cf. R. Stoecker (Ed.) *Menschenwürde. Annäherung an einen Begriff*, Wien, 2003, e *Der Begriff der Menchenwürde*, aos cuidados de M. Fischer, Frankfurt a. M., 2004. Entre as primeiras contribuições sobre o tema destacam-se aqueles de Ulfrid Neumann, filósofo do direito de Frankfurt, crítico contra o uso inflacionado que se faz na Alemanha a respeito desta noção. Cf. U. Neumann, *Die "Würde des Menschen" in der Diskussion um Gentechonologie und Befruchtungstechologie*, em U. Klug e Ma Kriele (eds.) *Meschen – und Bürgerrechte*, (ARSP, Beoheft n. 33), Wiesbaden, 1988, p. 139-152, e Id. *Die Tyrannei der Würde. Argumentationstheoretische Erwagungen zum Mnschenwürdeprinzip*, em ARSP, 84 (1998), p. 153-166 (hoje o texto está refeito, revisto no volume preparado por Mathias Kettner citado nesta nota). Veja-se também, na mesma linha, W. Hassemer, *Argumentazione con concetti fondamentali. L'esempio della dignità umana*, e "Ars interpretandi", p. 125-139, 10 (2005). Entre os estudos monográficos cf. K. Braum, *Menschenwürde und Biomedizin. Zum philosophischen Diskurs der Bioethic*, Frankfurt a. M. 2000, e, mais recentemente, N. Knoepffler, *Menschenwürde in der Bioethik*, Berlin-Heidelberg. 2004. Também na Itália o debate bioético (diferentemente do biojurídico) está em

Muitas vezes ela é invocada até para sustentar posições opostas entre si. O caso paradigmático é o da eutanásia: tanto os que afirmam que a vida humana é sagrada e indisponível e, portanto, condenam-na, como os que, insistindo sobre sua qualidade, defendem-na, e muitas vezes o fazem baseando-se no princípio da dignidade humana.[4] Não é raro que se apele para a dignidade humana até para além da morte do indivíduo.[5]

---

voga, mas o tema da dignidade humana não assumiu até agora aquela importância que caracteriza outras experiências culturais. Contudo, pode-se consultar a primeira parte do volume da coleção P. Cattorini-E. D'Orazio-V. Pocar (Eds.) *Bioetiche in dialogo. La dignità della vita umana e l'autonomia degli individui*, Milano, 1999, p. 3-108 e F. G. Azzone, *L'etica medica nello Stato liberale. Il rispetto della dignità umana e l'accanimento terapeutico*, Venezia, 2003.

[4] Uma posição bastante original no debate filosófico-jurídico é a sustentada por Ronald Dworkin, que tentou recuperar sob um padrão leigo o valor (intrínseco) da sacralidade da vida por meio do conceito de dignidade. Cf. R. Dworkin, *Life's Dominion. An argument about Abortion, Euthanasia and Inidividual Freedom*, 1994, traduzido para o italiano: *Il dominio della vita. Aborto, eutanasia e libertà individuale*, Milano, 1994. Para uma visão de conjunto do debate bioético, cf. C. Viafora, *Introduzione alla bioetica*, p. 375-394, Milano, 2006; cf. R. Barcaro, *Dignità della morte, accanimento terapeutico ed eutanasia*, Napoli, 2001.

[5] É justamente apelando para o respeito à dignidade humana que o diretor do Instituto de anatomia da Universidade de Innsbruck impôs limites às experiências científicas sobre um cadáver, que já tinha cinquenta anos: "o morto no gelo é uma sensação, mas se trata sempre do cadáver de um homem, que tem direito à própria dignidade" (cf. "Der Tagesspiegel", primeiro de setembro de 992, p. 27). A respeito do assunto da piedade para com os defuntos, cf. R, Gröschner, *Menschenwürde und Spulkralkultur in der grundgesetzlichen Ordnung. Die kulturstaatlichen Grenzen der Privatisirerung im Bestattungsrecht*, Stuttgart, 1995. É de grande importância que o projeto de reforma do código penal da Comissão Pagliaro (que remonta a 1991) coloque os crimes contra os defuntos entre os relatos contra a pessoa, em vez de fazê-lo, como o código vigente, entre aqueles contra a piedade para com os defuntos, com a seguinte motivação: "sendo o cadáver a projeção ultraexistencial da pessoa humana, o bem pessoal da dignidade da pessoa defunta parece constituir o objeto primário e constante da tutela contra os atos que dizem respeito aos espólios humanos e dos sepulcros, ao passo que o também relevante bem coletivo do referido sentimento se apresenta como bem secundário e eventual (por exemplo: nos casos de profanação, que permanecem ignotos"). Assim se lê na *Relação de 25 de outubro de 1991, como esboço de projeto*

Mais recentemente o problema da dignidade humana foi suscitado juntamente com a condição clínica definida como "morte cerebral", a partir da qual hoje é possível a retirada dos órgãos com a finalidade de transplantá-los.[6] Mas é sobre as questões ligadas ao início da vida que atualmente são levantadas interrogações: pode-se falar de "dignidade humana" também a respeito da vida humana pré-natal e quais as consequências que podem disso resultar para o problema da manipulação genética?

Enquanto, no que diz respeito às problemáticas do final da vida, ambas as tendências apelam para a dignidade de sustentar posições, até mesmo opostas; diante da problemática do início da vida existem os que consideram o apelo ao princípio da dignidade humana como um freio para a utilização da manipulação dos embriões humanos e produzidos por meio de técnicas de procriação assistida, e que, pelo contrário, duvidam fortemente que seja possível enfrentar tais problemáticas recorrendo-se àquele princípio. Esta discrepância não é difícil de ser explicada, do momento em que aqueles que contestam o uso do princípio da dignidade humana, do ponto de vista da problemática de início da vida, fazem-no porque consideram

---

de reforma do código penal, apresentado pela Comissão Pagliaro. É significativo que o tema da dignidade reapareça nas leis regionais em matéria de serviços fúnebres e póstumos. A Região da Úmbria, por exemplo, fala expressamente de "dignidade do defunto" (artigo 1, lei regional de 21 de julho de 2004, n. 12). Para uma visão panorâmica complexa, cf. P. Becchi, *Cremazione e dispersione delle ceneri*, em P. Cendon (9 ed.), *I diritti della persona*, Torino, 2005, volume III, p. 757-771, agora também em *Quando finisce la vita. La morale e il diritto di fronte alla morte*, Roma, 2009.

[6] Cf. R. Stoecker, *Dalla morte cerebrale alla dignità umana. Per il superamento filosofico-morale del dibattito sulla morte cerebrale*, em R. Barcaro-P. Becchi (eds.) *Questioni morali. L'attuale dibattito sulla morte cerebrale e il problema dei trapianti*, Napoli, 2004, p. 141-154. Cf. também P. Becchi, *Morte cerebrale e trapianto di organi*, Brescia, 2008.

esse princípio apenas decorrência da capacidade individual de autorrepresentar-se e de respeito à própria autonomia.[7]

Ressaltando unilateralmente esse aspecto, é evidente que a vida humana pré-natal não poderia ser tutelada pelo recurso à dignidade humana, dado que os embriões, enquanto tais, não são, com certeza, dotados daquela autonomia que distingue as pessoas adultas e racionais.[8] Em apenas um caso extremo a dignidade humana estaria em jogo: quando as técnicas de manipulação genética dos embriões apresentassem como finalidade a produção de seres humanos privados de uma individualidade própria. Se a dignidade, de fato, identifica-se com a liberdade e a autonomia dos indivíduos, é claro que a programação intencional de seres humanos privados dessas predisposições estaria em evidente contraste com ela.

Exatamente desse contexto faz parte a clonagem reprodutiva, já que, no momento em que se quisesse replicar a excelência humana, o clone também fisicamente seria privado da peculiaridade de uma imagem própria, representando outra que já existe. Eis por que diferentemente do caso da clonagem terapêutica existe enorme consenso sobre a proibição da clonagem reprodutiva: mesmo partindo de uma noção de dignidade que a aproxima estreitamente da dignidade, a clonagem reprodutiva

---

[7] Para uma crítica eficaz que busque a redução da dignidade humana à noção de autonomia e sobre a importância do papel da dignidade humana na esfera bioética, cf. R. Adorno, *La notion de dignité humaine est-elle superflue?*, in "Revue Général de Droit Médical", p. 95-102, 16 (2005), e anteriormente, *The Paradoxical Notion of Humans Dignity*, in "*Rivista Internazionale di Filosofia del diritto*", p. 151-168, 2 (2001).

[8] Assim afirma Julian Nida-Rümelin em um artigo, do qual surgiu um grande debate, primeiramente publicado em "Der Tagespiegel" (3 de janeiro de 2001) com o título *Wo die Menschenwürde beginnt* e depois reimpresso no volume J. Nida-Rümelin, *Ethische Essays*, Frankfurt a. M., 2002, p. 405-410. Uma crítica válida é a de R. Stoecker, *Selbstachtung und Menschenwürde*, em "Studia philosophica", p. 107-119, 63 (2004).

pode, de fato, ser considerada como uma violação da dignidade humana, visto que o homem duplicado foi prejudicado na singularidade de seu destino, em seu direito à unicidade, ao não ser cópia de outro indivíduo.

Por outro lado, se se insiste unilateralmente na dimensão individual da dignidade, em conexão com as capacidades e as prestações, levanta-se um grande problema. Não apenas, de fato, não seriam tutelados todos os embriões, mas todos os seres vivos – para não falar obviamente dos defuntos – que ainda não estão, ou não estão mais em grau de autorrepresentar-se como parceiros em uma interação. E não são poucos: neonatos, crianças pequenas, doentes mentais graves, idosos afetados por problemas psíquicos, ligados a seu estado senil, indivíduos em estado vegetativo continuado, em coma irreversível e talvez até com morte cerebral já declarada, configuram um complexo de situações existenciais diante das quais não teria valor a garantia da dignidade humana.

Com certeza que no caso dos neonatos e das crianças pequenas, poder-se-ia apelar para o argumento (muitas vezes criticado ao se tratar dos embriões) da potencialidade. Mas isso não valeria para as condições do fim de vida (e nem mesmo para outra vida) em que essa potencialidade já não conta mais. Neste último caso poder-se-ia recorrer às assim chamadas "diretivas antecipadas", para garantir uma morte dentro do respeito de algumas condições que a pessoa interessada quis fixar quando ainda estava em condições de poder fazê-lo.[9] Parece mais difícil encontrar uma solução para o

---

[9] Um ponto de partida equilibrado para a discussão, em nosso país, encontra-se no documento do Comitê Nacional para Bioética, *Dichiarazioni anticipatae di tratamento*, Roma, 18 de dezembro de 2003. No documento se menciona "o respeito da dignidade do doente como ponto essencial de qualquer prática sanitária (p. 17). Mas o grande problema atualmente em discussão é se tais diretivas podem abrir a porta para a eutanásia ou se, pelo contrário, podem ser encaradas principalmente para manter a porta ainda fechada, garantindo, de qualquer modo,

problema dos doentes psíquicos graves que jamais possuíram o uso da razão ou para o problema da dignidade dos defuntos.

Não se pode negar que, em todos os contextos até aqui comentados, a outra versão da dignidade, aquela que a encara como um dom de cada ser humano, parece fornecer uma proteção mais eficaz. Se de fato se assume esse ponto de vista, a dignidade humana diz respeito ao homem enquanto tal, independentemente de todos aqueles elementos empíricos que caracterizam suas diversas condições de vida, e, portanto, refere-se ao homem desde a concepção e talvez vá além da morte natural. E, contudo, este modo de ver se, por um lado, estabelecendo uma proibição de instrumentalização, permite tutelar integralmente a vida humana, por outro, traz consigo aquela mácula de abstração que o marca desde o princípio.

Essa defesa integral da (sacralidade da) vida une a dignidade muito estreitamente ao direito à vida.[10] Mas a dignidade é um princípio, talvez, superior à própria vida, e isso supõe que deva ser respeitada a vontade de um doente terminal, que pede a interrupção dos cuidados, para que o deixem morrer, não porque aquela vida não seja digna de ser vivida, mas porque

---

ao doente terminal uma morte que respeite sua dignidade. Para uma análise mais aprofundada da disciplina jurídica no que diz respeito ao corpus jurídico italiano e às principais disposições de outros países, cf. F. Pizetti, *Alle frontiere della vita. Il testamento biologico tra valori costituzionali e promozione della persona*, Milano, 2008.

[10] Esta é a objeção geral que, a meu ver, pode ser aventada ao se deparar com o problema que surge do volume *Natura e dignità della persona umana a fondamento del diritto alla vita. Le sfide del contesto culturale contemporaneo* (Atti dell'Ottava Assemblea Generale della Pontificia Academia per la Vita, a cura di J. De Dios Vial Correa e E. Sgreccia, Roma-Cidade do Vaticano, 2003), que também reúne estudos muito interessantes, como, por exemplo, o de Joseph Seifert, *Il diritto alla vita e la quarta radice della dignità umana* (p.193-215). Para um estudo sobre as encíclicas papais à luz do problema da dignidade humana, cf. R. W. Rousseau, *Human Dignity and the Common Good: The Great Papal Social Encyclicas from Leo XIII to John Paul II*, Westport, 2001.

o sentido da própria dignidade poderia levá-lo à rejeição do ato de deixar para depois uma morte já iminente.[11]

A noção de dignidade como um dom corre o risco de não se ver livre dos difíceis (e às vezes angustiantes) problemas, que sempre mais, principalmente hoje, nos são colocados pela vida humana em suas diversas fases; além disso, não nos permite explicar todas aquelas situações em que o indivíduo pode perder sua dignidade, porque é colocada em crise sua autorrepresentação, ou porque se vê impedido de desenvolver suas capacidades.

Por outro lado, seguindo o outro raciocínio, parece mais difícil falar de dignidade humana com referência a (algumas) daquelas situações em que o ser humano não está ainda ou não está mais em condição de autorrepresentar-se ou de demonstrar suas próprias capacidades.

Só resta, portanto, sair à procura de um novo raciocínio que, levando em consideração as vantagens e os prejuízos de tudo o que já foi ventilado, saiba integrar a ideia de dignidade humana como dom com aquela outra ideia, baseada nas realizações de representações ou sobre as capacidades; que saiba conjugar a afirmação universal da dignidade humana da pessoa em abstrato com as situações particulares que hoje exigem uma sua tutela diferenciada; resumindo, que saiba fazer encontrar o absoluto de que o homem é um projeto com o contingente em que sua condição acontece.

---

[11] Sobre a autopercepção da própria dignidade em fase terminal são fundamentais as pesquisas de H. M. Chochinov, *Dignity and the Eyeof the Beholder*, em "Journal of Clinical Oncology" 22, p. 1336-1340, 7 (2004); *Dignity Therapy: a Novel Psychotherapeutic Intenvention for Patient near the Ende of Life*, em "Journal of Clinical Oncology", p. 5520-5525, (2005); Id. *Dying, Dignity and new Horizons in Palliative End-of-Life Care*, in "CA: cancer Journal for Clinicians", p. 84-103, 56 (2006); Id., *Dignity and the Essence of Medicine: the A.B.C, and D of Dignity Conserving Care*, in "British Medical Journal", p. 184-187, 335 (2007).

Bibliografia

Para oferecer ao leitor uma orientação preliminar, apresenta-se esta bibliografia essencial da literatura que é relevante no atual debate.

1. Livros

Adam C. *Gefahrabwendungsfolter und Meschenwürde. Im Lichte des Unabwägbarkeitsdogmas des Art. 1 Abs. 1 GG.* Frankfurt a. M., 2008.

Andorno R. *La bioéthique et la dignité de la persone.* Paris, 1997.

Anselm R. *Human Dignity as a Regulatory Principle of Bioethics: a theological perspective,* em N. Knoepffler-D. Schipanski- S. L. Sorgner, (eds.) *Human Biotechnology as Social Challenge: An Interdisciplinary Introduction to Bioethics.* Ashgate, 2007, p. 107-116.

Argiroffi A.-Becchi P.-Anselmo D. (eds.). *Colloqui sulla dignità umana.* Roma, 2008.

Aumonier N. *La dignité humaine en question.* Paris, 2004.

Barhr P.-Heinig H. M. *Menschenwürde in der säkuleren Verfassungsordnung: rechtswissenschaftliche und theologische Perspektiven.* Tübingen, 2006.

Ballesteros J.-Aparisi A. (eds.). *Biotecnologia, dignidad y derecho: bases para un dialogo*. Pamplona, 2004.

Barcaro R. *Dignità della morte, accanimento terapeutico ed eutansia*. Napoli, 2001.

Bayertz K. (ed.). *Sanctity of Life and Human Dignity*. Dordrecht, 1996.

Becchi P. *L'idea kantiana di dignità umana e le sue attuali implicazioni in ambito bioetico*, em Becchi P.-Cunico G. – Meo O. (eds.). *Kant e l'idea di Europa*. Genova, 2005, p. 15-37.

Beyleveld D. – Brownsword R. *Human Dignity, Human Rights and the Human Genome*, in J. D. Rendtorff – P. Kemp (eds.). *Basic Ethical Principles in European Bioethics and Biolaw*. Vol. II, Partners'research. Copenhagen-Barcelona, 2000.

Beyleveld D. – Brownsword R. *Human Dignity in Bioethics and Biolaw*. Oxford, 2001.

Biser E. *Gotteskindschaft und Menschenwürde: eine neue Anthropologie*. Limburg, 2005.

Blengio Valdés M. *El derecho al reconocimiento de la dignidad humana*. Montevideo, 2007.

Bloch E. *Naturrecht und menschiliche Würde*. Frankfurt a.M., 1961 (tradução para o italiano de G. Russo, *Diritto naturale e dignità umana*. Torino, 2005.

Böckenförde E. – W.-Spaemann R. (eds.). *Menschenrecht und Menschenwürde. Historische Voraussetzungen – säkulare Gestalt – christliches Verständnis*. Stuttgart, 1987.

Brockhage D. *Die Naturalisierung der Menschenwürdein der deutschen bioethischen Diskussion nach* 1945. Münster, 2008.

Brudermüller G. – Seelmann K. (eds.). *Meschenwürde: Begründung, Konturen, Geschichte*. Würzburg, 2008.

Bürgenmeier B. *La dignité humaine dans une perspective économique*, em W. Schmid-U.Tecklenburg (eds.), *Menschenwürdig leben?* Luzern, 2005, p. 98-105.

Caruso G. *Delitti di schiavitù e dignità umana nella riforma degli artt. 600, 601 e 602 del Codice penale: contributo all'interpretazione della L. 11 agosto 2003*, n. 228. Padova, 2005.

Cattaneo M. A. *Dignità umana e pena nella filosofia di Kant.* Milano, 1981.

_____. *Pena, diritto e dignità humana. Saggio sulla filosofia del diritto penale.* Torino, 1998.

_____. *Giusnaturalismo e dignità umana.* Napoli 2006 (tradução alemã de T. Vormbaum, Naturrecht und Menschenwürde. Berlin, 2007).

Cattorini P. – D'Orazio E. – Pocar V. (eds.). *Bioetiche in dialogo. La dignità della vita umana e l'autonomia degli individui.* Milano, 1999.

Ceccherini E. (ed.). *La tutela della dignità dell'uomo.* Napoli, 2008.

Colson C. W. – S. Cameron N. M. (eds.). *Human Dignity in the Biotch Century. A Christian Vision for Public Policy.* Downers Grove, IL. 2004.

Damm S. M. *Menschenwürde, Freiheit, komplexe Gleichheit: Dimensionen grundrechtlichen Gleichheitsschutzes: der Gleichheitssatz im Europäischen Gemeinschaftsrecht sowie im deutschen und US-amerikanichen Verfassungsrecht.* Berlin, 2006.

De Dios Vial Correa, J. – Sgreccia E. (eds.). *Natura e dignità della persona umana a fondamento del diritto alla vita.* Roma, 2003.

De Koninck T. – *Larochelle. La dignité humaine: philosophie, droit, politique, économie, médecine.* Paris, 2005.

– 65 –

Desmet M. *Souffrance et dignité humaine.* Paris, 2004.

Dillon R. (ed.). *Dignity; Character and Self-Respect.* New York, 1995.

Eberle E. *Dignity and Liberty: Constitutional Vision in Germany and the United States.* Westport, 2002.

Eckhart H.-K. *Erläuterung und Kritik deutscher Staatsordnung: Menschenwürde, Demokratie, Föderalismus, Gemeinschaftsstaat.* Bonn, 2008.

Eibach U. *Autonomie, Menschenwürde und Lebensschutz in der Geriatrie und Psychiatrie.* Hamburg, 2005.

Enders Ch. *Die Menschenwürde in der Verfassungsordnung. Zur Dogmatik der Art. 1 GG.* Tübingen, 1997.

Fiechtner, U. *Folter: Angriff auf die Menschenwürde.* Unkel, 2008.

Fischer M. *Der Begriff der Menschenwürde: Definition, Belastbarkeit und Grenzen.* Frankfurt a. M., 2005.

Forschener M. *Marktpreis und Würde oder vom Adel der menschilchen Natur,* em H. Kössler (ed.). *Die Würde des Menschen.* Erlangen,1998, p. 33-59.

Freistetter W. *Naturrecht als Herausforderung – Menschenrechte und Menschenwürde.* Wien, 2005.

Furlan E. (ed.). *Bioetica e dignità umana. Interpretazioni a confronto a partire dalla Convenzione di Oviedo.* Milano, 2009.

Gimeno-Cabrera V. *Le traitement jurisprudentiel du principe de dignité de la personne humaine dans la jurisprudence du Conseil constitutionnel français et du Tribunal constitutionnel français et du Tribunal constitutionnel espagnol.* Paris, 2004.

Girard C. – Hennette – Vauchez S. *La dignité de la personne humaine: recherche sur un processus de juridicisation.* Paris, 2005.

Gounalakis G. *Embryonenforschung und Menschenwürde.* Baden-Baden, 2006.

Gröschner R. *Menschenwürde und Sepulkralkultur in der grundgesetzilichen Ordnung. Die kulturstaatlichen Grenzen der Privatisierung im Bestattungsrecht.* Stuttgart, 1995.

Häberle P. *Menschenwürde und pluralistische Demokratie: ihr innerer Zusammenhang,* em *Internationale Gemeinschaft und Menschenrechte: Festschrift für Georg Ress zum t0. Geburtstag am 21 Januar 2005.* Köln, 2005, p. 1163-1173.

Habermas J. *Die Zukunft der menschilchen natur. Auf dem Weg zu einer liberalen Eugenik?* Frankfurt a.M., 2001 (tradução italiana: L. Ceppa, *Il futuro della natura umana. I rischi di una genetica liberale,* Torino, 2002).

Härle W. *Begründung von Menschenwürde und Menschenrechten.* Freiburg, 2008.

Höffe O. *Prinzip Menschenwürde,* em Id. *Medizin ohne Ethik?* Frankfurt a. M., 2002, p. 49-69 (parcialmente traduzido para o italiano com o título *Il principio dignità humana,* in "Iride" XIV. 33 [2001], p. 243-250).

Jonas H. *Das Prinzip Verantwortung, Versuch einer Ethic für die techologische Zivilisation,* Frankfurt a. M., 1979 (tradução italiana de P. P. Portinaro, *Il principio responsabilità. Un'etica per la civiltà tecnologica.* Torino, 1990).

Kass L. *Life, Liberty, and Defense of Dignity. The Challenge for Bioethics.* New York-London, 2004 (tradução italiana: *La sfida della bioetica. La vita, la libertà e la difesa della dignità umana.* Torino, 2007).

Kettner M. (ed.). *Biomedizin und Menschenwürde.* Frankfurt a. M., 2004.

Kley A. *Menschenwürde als Rechtsprinzip?; Überlegungen zur Rolle der Menschernwürde als Argument in rechtlichen und politischen Verfahren,* em C. R. Scwinges (ed.), *Veröffentlichu-*

gen der Gesellschaft für Universitäts – und Wissenschaftsgeschichte. Basel, 2008, p. 259-289

Knoepffler N. *Menschenwürde in der Bioethik.* Berlin-Heidelberg, 2004.

Ko B.-J. *Menschenwürde und Biostrafrecht bei der embryonalen Stammzellenforschung.* Frankfurt a. M., 2008.

Kohl B. *Menschenwürde: Relativierung oder notwendiger Wandel? Zur Interpretation in der gegenwärtigen Kommentierung von Art. I Abs. 1 GG.* Berlin, 2007.

Könemann B. *Der verfassungsunmittelbare Anspruch auf das Existenzminimum: zum Einfluss von Menschenwürde und Sozialstaatsprinzip auf die Sozialhilfe.* Hamburg, 2005.

Ladeur K.-H. *Die Funktion der Menschenwürde im Verfassungsstaa.* Tübingen, 2008.

Lederhilger S. *Gott verlassen: Mesnchenwürde und Menschenbilder,* Frankfurt a.M., 2007.

Luban D. *Legal Ethics and Human Dignity.* Cambridge, 2007.

Luhmann N. *Grundrechte als Institution. Ein Beitrag zur politischen Soziologie.* Berlin, 1965 (tradução italiana, com introdução, de G. Palombella e L. Pannarale, *I diritti fondamentali come istituzione,* Bari, 2002.

Madjé Tonato Hermel Oswald. *Dignité et valeur de la personne humaine: contributions des Encycliques Redemptor hominis et Evangelium vitae à la conception de la personne humaine.* Roma, 2005.

Maihofer, W. *Rechtstaat und menschliche Würde.* Frankfurt a.M., 1968.

Malpas J. – Lickiss N. (eds.). *Perspectives on Human Dignity.* New York, 2007.

Marcel G. *La dignité humaine et ses assises existentielles*. Paris, 1964, (tradução italiana: *La dignità umana e le sue matrici esistenziali*, Torino, 1983).

Margalit A. *The Decent Society*. Cambridge (Mass.) 1996 (tradução italiana de A. Vaillani, *La società decente*. Milano, 1998.

Mathieu V. *Privacy e dignità dell'uomo. Una teoria della persona*, por R. Sanchni, G. Torino, 2004.

Meiser C. *Biopatentierung und Menschenwürde*. Baden-Baden, 2006.

Merle J.-C. *Strafen aus Respeckt vor der Menschenwürde: eine Kritik am Retributivismus aus der perpective des deutschen Idealismus*. Berlin, 2007.

Nida-Rümelin J. *Wo die Menschenwürde beginnt,* em Id. *Ethische Essays*, Frankfurt a.M., 2002, p. 405-410.

Nussbaum M. *Giustizia sociale e dignità umana. Da indiviui a persone*, tradução italiana de E. Greblo. Bologna, 2002.

Occhipinti A. *Tutela della vita e dignità umana*. Torino, 2008.

Pavia M. L. – Revet T. (eds.). *La dignité de la pesonne humaine*. Paris, 1999.

Poisson J.-F. *La dignité humaine*. Bordeaux, 2004.

Pöschl V. *Der Begriff der Würde im antiken Rom und spatter*. Heidelberg, 1989.

President's Council on Bioethics. *Human Cloning and Human Dignity. An Ethical Inquiry*, julho de 2002, publicado no site do President's Council on Bioethics, no endereço: <http://www.bioethics.gov/reports/cloningreport/pcbe_cloningreport.pdf>.

_____. *Human Dignity and Bioethics: Essays comissioned* by the President's *Council on Bioethics*, março de 2008 (publicado no site do President's Council on Bioethics, no endereço: <http://www.bioethics.gov/reports/human_dignity/human_ dignity_and_bioethics. pdf>).

Roggan F. *Mit Recht für Menschenwürde und Verfassungssta- at: Festgabe für Dr. Burkhard Hirsch anlässlich der Verleihung des Fritz-Bauer-Preises der Humanistischen Union am 16.9.2006 in Freiburg.* Berlin, 2006.

Römelt J. *Menschenwürde und Freiheit: Rechtsethik und Theologie des Rechts jenseits von Naturrecht und Positivismus.* Freiburg i. B., 2006.

Sandkühler H. J. (ed.). *Menshenwürde: philosophische, the- ologische und juristische Analysen.* Frankfurt a.M., 2007.

Santa María D'Angelo R. *El principio de la dignidad de la persona humana y la aparición de "nuevos derechos" en el orde- namiento jurídico peruano contemporâneo.* Pontificia Università Lateranense, Roma, 2007.

Seelmann, K. *Menschenwürde zwischen Person und Individu- um. Von der Repräsentation zur Selbst-Darstellung,* in D. Dölling (ed.). *Jus Humanum. Grundlagen des Rechts und Strafrecht. Fest- schrift für Ernst-Joachim Lampe.* Berlin, 2003, p. 301-316.

_____. *Menschenwürde: ein neuer Schlüsselbegriff,* em id. *Rechtsphilosophie.* München, 2004 (tradução italiana: *Dig- nità dell'uomo: un nuovo concetto-chiave,* in K. Seelmann, *Fi- losofia del diritto,* tradução italiana de G. Stella. Napoli, 2006, p. 251-267).

_____. *Menschenwürde als Rechtsbegriff: Tagung der In- ternationalen Vereinigung für Rechts und Sozialphilosophie (IVR), Schweizer Sektion Basel, 25. Bis 28. Juni 2003.* Stuttgart, 2005.

Senett R. *Respect in a World of Inequality.* New York, 2003 (tradução italiana de F. Falcioni, *Rispetto: la dignità umana in un mondo di diseguali,* Bologna, 2004).

Sidiripoulos L. *Die "Würde des Menschen" als Leitprinzip in den ethischen und rechtlichen Diskursen der Moderne: rekonstruktion und Bewertung des Menschenwürde anhand ihrer Erprobung an aktuellen Beispielen.* München, 2008.

Siegetsleitner A. – Knöpler N. *Menschenwürde im interkulturellen Dialog.* Freiburg, 2005.

Stoterdijk P. *Regeln für den Menschenpark. Ein Antwörtschreiben zu Heideggers Brief über den Humanismus,* Frankfurt a.m., 1999 (tradução italiana *Non siamo ancora stati salvati,* de A. Calligaris e S. Corsara. Milano, 2004.

Spinner Johannes. *Die Situation der Menschenwürde in der westlichen Kultur.* Berlin, 2005.

Stoecker R. (ed.) *Menschenwürde. Annähung un einen Begriff.* Wien, 2003.

Taureck B. *Die Menschenwürde im Zeitalter ihrer Abschaffung: eine Streitschrift.* Hamburg, 2006.

Thies C. *Der Wert der Menschenwürde.* Paderborn, 2009.

Tiedemann P. *Menschenwürde als Rechtsbegriff; eine philosophische Kläerung.* Berlin, 2007.

_____. *Was ist Menschenwürde?: eine Einführung.* Darmstadt, 2006.

Trépanier G. *Clonage reproductif et dignité humaine.* Montreal, 2006.

Trinkaus Ch. *In Our Image and Likeness. Humanity and Divinity in Italian Humanist Thought.* Chicago, 1970.

Vilhjámur Á. *Dialog and Menschenwürde: Ethik im Gesundheitswesen.* Münster, 2005.

Vicenti U. *Diritti e dignità umana.* Roma-Bari, 2009.

Von Henning H. (ed.). *Selbstachtung und Anerkennung: Beiträge zur Begründung von Menschenwürde und Gerechtigkeit.* Weimar, 2005.

Wabel T. (ed.). *Grenzen der Verfügbarkeit: Menschenwürde und Embryonenschutz im Gespräch zwischen Theologie und Rechtswissenschaft.* Dortmund, 2004.

Weilert A. *Grundlagen und Grenzen des Folterverbotes in verschiedenen Rechtskreisen: eine Analyse anhand der deutschen, israelischen und pakistanischen Rechtsvorschriften vor dem Hintergrund des jewelligen historisch-kulturell bedingten Verständnisses der Menschenwürde.* Berlin, 2009.

Wetz F. J. *Illusion Menschenwürde. Aufstieg und Fall eines Grundwerts.* Stuttgart, 2005.

Yonghae K. *Zur Begründung der Menschenwürde und der Menschenrechte auf einer interreligiösen Metaebene. Ein Vergleich zwischen dem Christentum und dem Tonghak als Beispiel der ostasiatischen Vorstellungen.* Frankfurt a.M., 2005.

Zaar P. *Wann beginnt die Menschenwürde nach Art I GG?* Baden-Baden, 2005.

Zenkert G. *Menschliche Würde: Zur Ambivalenz eines moralischen Leitbegriffs,* in G. Figal (ed.). *Internationales Jahrbuch für Hermeneutik, Band 6.* Tübingen, 2007, p. 113-138.

2. Artigos

Agich G. *Reflections on the Function of Dignity in the Context of Caring for Old People,* in "Journal of Medicine ad Philosophy" 32 (2007), p. 483-494.

Andorno E. *The Paradoxical Notion of Humman Dignity,* in "Rivista Internazionale di Filosofia del Diritto" 2 (2001), p. 151-168.

————. *Dignity of the Person in the light of International Bioethical Law,* in "Medicina e morale" 1 (2005), p. 91-105.

_____. *La notion de dignité humaine est-elle superflue?*, in "Revue Générale de droit Medical" 16 (2005), p. 95-102.

Aramesh K. *Human dignity in Islamic Bioethics*, in "Iranian Journal of Allergy, Asthma and Immunology" 6 (2007), p. 25-28.

Ashcroft R. E. *Making sense of dignity*, in "Journal of Medical Ethics" 31 (2005), p. 679-682.

Badcott D. *The Basis and Relevance of Emotional Dignity*, in "Medicine, Health Care and Philosophy" 6 (2003), p. 123-131.

Boladeras M. *Vida, vida humana, vida digna*, in "Logos: Anales del Seminario de Metafísica" 40 (2007), p. 91-116.

Bostrom N. *In Defense of Posthuman Dignity*, in "Bioethics" 19,3 (2005), p. 203-214 (tradução italiana: *In difesa della dignità pstumana*, in "Bioethica" XIII, 4 [2005], p. 33-46.

Burns L. *What is the Scope for the Interpretation of Dignity in Research Involving Human Subjects?*, in "Medicine, Healt Care and Philosophy" 11,2 (2008), p. 191-208.

Cadoré B. *L'argument de la dignité humaine en éthique biomédicale*, in "Le Supplement Mars", 1995, p. 73-98.

Caulfield, B. – Brownsword R. *Human Dignity: a Guide to Policy Making in the Biotechnology Era?*, in "Nature Rewiew Genetics" 7 (2006), p. 76.

Cochinov H. J. *Dignity and the Eye of the Beholder*, in "Journal of Clinical Oncology" 22, 7 (2004), p. 1336-1340.

_____. *Dignity Therapy: a Novel Psychotherapeutic Intervention for patient Near the Enf of Life*, in: "Journal of Clinical Oncology" 23 (2005), p. 5520-5525.

_____. *Dying, Dignity and new Horizons in Palliative end-of-life Care*, in "CA: A Cancer journal for Clinicians", 56 (2006), p. 84-103.

_____. *Dignity and the Essence of Medicine: the A. B, C. and D of Dignity Conserving Care*, in "British Medical Journal" 335 (2007), p. 184-187.

Collste, G. *Should Every Human Being get Health Care? Priorities in Health Care and the Principle of Human Dignity*, in "Ethical Perspectives" 6 (1999), p. 115-125.

Engi L. *Was Heisst Menschenwürde?: zum Verständnis eines Verfassungsbegriffs*, in Schweizerisches Zentral blatt für Staats und Verwaltungsrecht, 109, 12 (2008), p. 659-678.

Fenner D. *Menschenwürde – eine "Leer-former?". Das Konzept Menschenwürde in der Bioetik*, in "Allgemeine Zeitschrift für Philosophie" 32, 2 (2007), p. 137-156.

Gruberski T. *Das Entgeltlichkeitsverbot für Organe, Gewebe und Zellen im schweitzerischen Transplantationsgesetz: Schutz del Menschenwürde?*, in "Recht", XXVI, 2008, p. 192-201.

Hassemer W. *Argomentare con concetti fondamentali. L'esempio della dignità umana* , in "Ars interpretandi" 10 (2005), p. 125-139.

Häyry M – Takala T. *Another Look at Dignity*, in "Cambridge Quarkely of Healthcare Ethics" 13, 1 (2004), p. 7-14.

Hofmann H. *La promessa della dignità umana*, in "Rivista internazionale di filosofia del diritto" 76 (1999), p. 620-650.

Hruschka J. *Die Würde des Menschen bei Kant*, in "Archiv für Rechts – und Sozial-philosophie" 88, 4 (2002), p. 463-480.

Jacobson N. *Dignity and Health a Rewiew*, in "Social Science & Medicine" 64 (2007), p. 292-302.

Jonhson, Philip R. S. *An analisys of "dignity"*, in "Theoretical medicine and Bioethic" 19,4 (1998), p. 337-352.

Kapust A. *Menschenwürde auf dem Prüfstand*, in "Philosophische Rundschau", 54 (2007), p. 279-307.

Lebech M. *What is Human Dignity?*, in "Mainooth philosophical papers", 2 (2004), p. 59-69.

Macklin R. *Dignity is a Useless Concept*, in "British Medical Journal" 327 (2003), p. 1419-1420.

Mcdougall R. A. *Resource-Based Version on the Argument That Cloning Is an Affront to Human Dignity*, in "Journal of Medical Ethics" 34, 4 (2008), p. 259-261.

Müller, J. P. *Die Menschenwürde ist nicht verhandelbar*, in "Pläydoyer, das Magazin für Recht und Politik", VI 2005, p. 42-45.

Nordenfelt, L. *Dignity of the Elderly: an Introduction*, in "Medicine, Health Care and Philoaophy" 6 (2003), p. 99-101.

_____. *Dignity and the Care of the Elderly*, in "Medicine, Health Care and Philosopy" 6 (2003), p. 103-110.

_____. *The varieties of Dignity*, in "Health Care Analiys" 12, 2 (2004), p. 69-82.

Schimidt, H. *Whose dignity? Resolving Ambiguities in the Scope of "Human Dignity" in the Universal Declaration on Bioethics and Human Rights*, in "Journal of Medical Ethics" 33, 10 (2007), p. 578-584.

Wah J. T. *Dignity in Long-Term Care for Older Persons: a Confucian Perspective*, in "Journal of Medicine and Philosophy" 32 (2007), p. 465-481.

Índice das Fontes

Conselho da Europa

Convention for the Protection of Human Rights and Fundamental Freedoms (1950)
<http://conventions.coe.int./Treaty/en/Treaties/Word/005.doc>

Convention for the protection of Human Rights and Dignity of the Human Being with regard to the Application of Biology and Medicine: Convention on Human Rights Biomedicine (1997)
<http://conventions.coe.int/Treaty/en/Treaties/Word/164.doc>

Additional Protocol to the Convention for the Protection of Human Being with regard to the Application of Biology and Medicine, on the Prohibition of Cloning Human Beings (1998)
<http://conventions.coe.int/Treaty/en/Treaties/Word/168.doc>

*Additional Protocol to the Convention on Human Rights and Biomedicine concerning Transplantation of Organs and Tissues of Human Origin (*2002*)*
<http://conventions.coe.int/Treaty/en/Treaties/Word/186.doc>

– 77 –

Additional Protocol to the Convention on Human Rights and Biomedicine, concerning Biomedical Research (2005)
<http://conventions.coe.int/Treaty/en/Treaties/Word/195.doc>

Additional Protocol to the Convention on Human Rights and Biomedicine concerning Genetic Testing for Health Purposes (2008)
<http://conventions.coe.int/Treaty/EN/Treaties/Word/203.doc>

European Union

The Charter of Fundamental Rights of the EU (2000)
<http:// eur-lex.europa/LexUriServ/LexUriServ.do?uri=OJ:c: 2000:364:0001:0002:EN:PDF>

United Nations

Universal Declaration of Human Rights (1948)
<http://www.un.org/events/humanrights/udhr60/hrphotos/declaration%20_eng.pdf>

Convention relating to the Status of Stateless Persons (1954)
<http://www.unhchr.ch/html/menu.3/b/o_c_sp.htm>

Abolition of Forced Labour Convention (1957)
<http:// www2.chcr.org/english/law/pdf/abolition.pdf>

International Convenant on Political and Civil Rights (1966)
<http://www.unchcr.ch/html/menu3/b/a_cescr.htm>

International Convenant on Economic, Social and Cultural Rights (1966)
<htpp://www.unchcr.ch/html/menu3/b/a_cescr.htm>

Convention on the Elimination of All Forms of Discrimination against Women (1979)
<http://www2.ohchcr,org/englisch/law/cedaw.htm>

Convention against Torture and Other Cruel, Inhuman or Degrading Treatment or Punishment. 1984
<htpp://www2.ohchr.org/english/bodies/ratification/9.htm>

Convention on the Rights of the Child (1989)
<http:/www2.ohchr.org/org/english/law/pdf/crc.pdf>

Convention on the Rights or Persons with Disabilities (2007)
<http:/www.ohchr.org/EN/HRBodies/Pages?Convention.aspx>

Unesco

Universal Declaration on the Human Genome and Human Rights (1997)
<http://portal.unesco.org/eng/ev;php-url_id_13177&url_do=do_topic&url_section=201.HTML>

Universal Declaration on Cultural Diversity (2001)
<http://unesdoc.unesco.org/images/001271/127160m.pdf>

Universal Declaration on Bioethics and Human Rights (2005)
<http://portalunesco.org/en/ev.php-url_id=31058&url_do=do-topic&url_section=201.HTML>.